50 ANOS

Sérgio Hinds e Nelio Rodrigues

São Paulo | 2021

IBRASA - Instituição Brasileira de Difusão Cultural Ltda.
São Paulo / SP

Copyright © 2021 by Sérgio Hinds e Nelio Rodrigues

Direitos exclusivos IBRASA
Instituição Brasileira de Difusão Cultural Ltda.
e-mail: ibrasa@ibrasa.com.br – home page: www.ibrasa.com.br
Nenhuma parte desta obra poderá ser reproduzida, por qualquer meio,
sem prévio consentimento por escrito da autora e ou dos editores. Excetuam-se as citações
de pequenos trechos em resenhas para jornais, revistas ou outro veículo de divulgação.

Editoração Eletrônica: Armenio Almeida
Capa: Armenio Almeida
Revisão: Camilla Fernandez

Publicado em 2021

Dados Internacionais de Catalogação na Publicação (CIP)
(Câmara Brasileira do Livro, SP, Brasil)

IMPRESSO NO BRASIL - PRINTED IN BRAZIL

Em memória de

Jorge Amiden (1950 – 2014)

Luís Moreno (1947 – 2002)

Sérgio Caffa (1949 - 2012)

Luiz De Boni (1959 – 2016)

APRESENTAÇÃO

Há anos, me arrisquei pela escrita. "Transforme o Problema em Desafio", meu primeiro livro, veio à tona em 2011 pela Editora Ibrasa. Mais recentemente, andava envolvido com a escrita de "Eu Biônico". Sem pressa, no tempo livre que às vezes se esconde. Assuntos e reflexões que passam ao largo da música, tema com o qual a maioria das pessoas me associa. Afinal, atuo na área da música como músico (guitarrista), compositor e produtor há muitos anos. Aí reside minha profissão, a que me deu projeção e alguma notoriedade.

Contudo, sempre me deparo com a infalível pergunta, feita por amigos, por fãs d'O Terço e por quem se interessa pela literatura musical: Quando é que você vai escrever sobre O Terço?

Ao início da pandemia do coronavírus no nosso país, prevendo dias difíceis pela frente, achei que chegara a hora de me debruçar sobre a carreira da banda que fez e continua fazendo parte da minha vida.

Mas para dar cabo desse projeto, pensei logo no historiador do rock brasileiro e profundo conhecedor da história da banda, o pesquisador Nelio Rodrigues. Além do mais, Nelio Rodrigues também é autor de dois livros sobre os Rolling Stones. Enfim, ao aceitar o convite que lhe fiz, para escrevermos a quatro mãos a história da banda, o trabalho imediatamente ganhou ritmo, os textos foram preenchendo páginas e o livro, que agora você tem em suas mãos, tomando forma.

Espero que tenhamos honrado a história d'O Terço e de todos os seus integrantes – meus prezados amigos. Afinal, no ano de 2020 a banda que eu ajudei a fundar celebrou seus 50 anos de vida.

Viva O Terço!

Sérgio Hinds

SUMÁRIO

Dedos Contritos Num Rosário de Notas
Prefácio de Luiz Carlos Sá 15

PARTE 1: Primeiros Passos

Música e Aviação 21
Hot Dogs 24
Os Libertos 25
Jorge Amiden, Os Medievais e Joint Stock Company 26
Os Elétrons 29
Corumbá, MS 32
Puerto Suarez, Bolívia 35
Churrasco no Pantanal 37

PARTE 2: O Terço Alça Voo

De Volta ao Rio 41
O Terço 42

Na Trilha dos Festivais 44
O Primeiro Disco 47
Aberto para Obras 53
A Tritarra e O Baicello 57
Jorge Amiden e O Terço se separam 65
Hard Rock, Marcos Valle, Dia da Criação, Feira Livre do Som 66
Midem, Pink Floyd, Londres 72
Amanhecer Total, Magrão e Moreno 78

PARTE 3: Vida Nova em São Paulo

São Paulo 87
Flávio Venturini 88
Festivais de Rock 91
Criaturas da Noite 96
Casa Encantada 106
Tributo Aos Beatles 117
Sérgio Caffa, Cezar de Mercês, Argentina 122
Mudança de Tempo 130

PARTE 4: As Múltiplas Faces d'O Terço

Pop 141
Som Mais Puro 146
Mar 152
O Terço Novamente 153
Time Travellers 157

Live at The Palace 160
Compositores 163
Spiral Words e Tributo a Raul Seixas 167

PARTE 5: O Reencontro
Daniela Colla 172
Luís Moreno 174
O Terço em Três Dimensões 178

Bibliografia 187
Discografia 189
Agradecimentos 205
Realidade Aumentada 209

PREFÁCIO

DEDOS CONTRITOS
NUM ROSÁRIO DE NOTAS...

  Os anos 70 chegaram arrebentando, cheios de novidades e eu, claro, me meti no meio do turbilhão. Mas no primeiro recém-casamento e mordido de cobra pelas instabilidades da carreira musical, parti pra uma jornada tripla: além de cantar, tocar e compor, era programador musical da Rádio JB e editava um suplemento semanal de música e artes no jornal "Correio da Manhã", o "PLUG", onde fazia de tudo um pouco: redação, reportagem, entrevistas, fotografia, na chefia de uma pequena mas animada equipe, antenadíssima no alvorecer daquela década que se anunciava – como se dizia – "do peru"... Numa dessas belas manhãs jornalísticas de redação sempre em polvorosa e precisando de uma última matéria pra fechar a tampa, li sobre um trio que começava a aparecer, mas com quens (plural mineiro...) eu lembrava vagamente ter cruzado caminhos em algum lugar do passado recente. Liguei pra gravadora e agendei uma entrevista para a mesma

15

tarde. Quando a coisa me parecia interessante, eu fazia questão de ir pessoalmente, e assim fiz. No caminho pro Flamengo, casa de um dos rapazes, fui questionando o nome. Naqueles tempos de ditadura, já tendo levado umas marteladas da censura imperial, tudo o que parecia religião me cheirava estranho. Os caras tocavam rock e se chamavam "O Terço"?

Bom, abreviando a história, saí da entrevista gostando do nome e com a impressão de ter feito três terços de novos amigos, o que – com o passar do tempo – mostrou-se um fato. Sergio Hinds, Vinícius Cantuária e Jorge Amidem acabaram por serem meus parceiros (Cantuária e Amidem em músicas até hoje inéditas) e chegados. Mas enquanto essas histórias de amizade entre grupos por muitas vezes se diluem no tempo, a minha com a primeira e com as posteriores formações do Terço se provaram duradouras, frutíferas e produtivas tanto na área pessoal quanto na profissional.

O auge da ligação Sá & Guarabyra / O Terço aconteceu três anos depois desse nosso encontro no Flamengo, quando nos desligamos de Zé Rodrix. De mudança para São Paulo para trabalhar com o saudosíssimo Rogério Duprat e prestes a gravarmos nosso primeiro disco em dupla, saímos à cata de uma nova banda. Já conosco desde o nascimento do Sá, Rodrix & Guarabyra estavam Sergio Magrão e Luís Moreno. Magrão sugeriu chamarmos Sergio Hinds para a guitarra e Cezar de Mercês para reforçar violões e vocais. E um telefonema para Milton Nascimento trouxe a nós sua indicação de tecladista, o jovem Flavio Venturini. Antes do disco seguinte, tivemos que formar outra banda, porque aquela rapaziada do *Nunca* – nossa muito bem sucedida estreia fonográfica da dupla Sá & Guarabyra – já se transformara, debaixo de nossos espantados olhos, no novo e resplandecente Terço.

Transplantados para a Paulicéia Desvairada, fomos todos para o mesmo bairro e fundamos a República Carioca do Brooklyn, com direito ao visto de residência do mineiro Venturini. E aí rolaram parcerias, churrascos, festas, baladas, saraus, filhos brincando e crescendo juntos, tudo aquilo que solidifica para sempre amizades que acabam por extrapolar o profissional. Quando eu, Guarabyra e Duprat fundamos o estúdio Vice Versa, de quem foi o primeiro disco gravado lá? do Terço. E de quem foi a música título do disco? Minha! (com Flavio, "Criaturas da Noite"). Carimbei o título do segundo com *Casa Encantada*, também com Flavio. E compus com Sergio o *Terras do Sul*, que gravamos, Sá & Guarabyra, no *Nunca*; e com Cezar de Mercês o *Nada no Escuro*, e depois com Magrão o *Caçador de Mim*, e Guarabyra com Flavio a *Espanhola*... aquelas noites do Brooklyn produziram parcerias sem fim, algumas inéditas até hoje.

Então, mereço este prefácio? mereço sim. Feliz de poder conservar até hoje, sempre próxima pelo sentimento mesmo quando distante pela geografia, essa cinquentenária amizade com os vários componentes das diversas formações Tercianas. Chorei com eles as perdas de Amidem, Kaffa e Moreno. Comemorei com eles, em inúmeros camarins, os shows lotados. E tenho agora a alegria de abrir pra vocês a leitura dessa história que o Nelio e o Sérgio nos contam.

E vejam só, tem coisas aqui que nem eu sabia!

Luiz Carlos Sá, em plena pandemia de outubro de 2020.

PARTE 1
Primeiros Passos

Música e Aviação

Sérgio de Melo Hinds é meu nome completo. Minha mãe, Magnólia, era cantora lírica. Meu pai, Glen, médico, aviador e também diletante da música erudita e italiana, que escutava diariamente. Minha irmã, Eliana, estudou cinco anos de piano clássico. Depois se tornou bióloga. Passava horas observando-a tocar. Aos poucos, comecei a acompanhá-la com pequenos instrumentos de percussão. Logo em seguida, com o violão. O violão que habitava nossa casa.

Passei a infância imerso nesse ambiente musical. Sempre com os ouvidos atentos ao som que brotava dos discos, dos instrumentos e do rádio. À medida que o tempo passava, eu me sentia cada vez mais ligado à música, até se tornar uma paixão incontornável. Não conseguia mais enxergar um futuro sem que eu estivesse intrinsecamente conectado com ela. Disse para mim mesmo que seria um músico, mas tive que enfrentar alguma resistência dentro do meu próprio lar e um pequeno desvio de rota.

Não foi tão fácil. Dei muitas voltas antes de me tornar um músico. Apesar de viver rodeado de música, meus pais não nos incentivavam a seguir nessa direção. Minha irmã deixou o piano de lado e enveredou pela biologia. "Ser músico" não era algo sequer considerado uma profissão em minha casa. Na opinião dos meus pais, não havia futuro algum ali. Para eles, música era no máximo uma mera diversão e não um compromisso profissional sério.

Por outro lado, eu também era apaixonado pela aviação. Passava horas namorando os álbuns de fotos do meu pai. Especialmente as fotos nas quais ele aparecia pilotando pequenos monomotores usados na segunda guerra mundial. Para além da música, meu hobby era montar e colecionar miniaturas de aviões da velha e conhecida Revell. Uma fábrica de réplicas de carros, aviões, navios, etc. destinadas ao plastimodelismo.

Meu pai insistia que a profissão mais bacana e segura era a de militar. Fazia questão de me levar para conhecer as academias militares. Locais em geral muito bem cuidados e de certa forma atraentes para um adolescente ou rapaz como eu. Além do mais, se eu conseguisse entrar para uma delas eles não precisariam mais pagar meus estudos, gerando uma economia para a família.

Considerando os prós de ingressar numa academia militar, o fato de não ser obrigado a seguir a carreira nessa área depois de formado, podendo pedir desligamento a qualquer hora se assim o quisesse, me fez atender aos desejos do meu pai e prestar concurso para a Escola Preparatória de Cadetes do Ar (EPCAR), localizada em Barbacena, MG.

Para felicidade dele e, de certa forma, minha também, eu passei e fui de mala e cuia para àquela cidade mineira localizada na Serra da Mantiqueira, a 169 km de Belo Horizonte. Pronto, "meu futuro estava garantido"! E, melhor ainda, isso não me impediria de manter minha conexão com a música. O pacote, portanto, estava completo. Dedicaria minha vida às minhas duas paixões: música e aviação.

Sky pilot, sky pilot
How high can you fly
You'll never, never, never reach the sky
(*Sky Pilot* - Eric Burdon & The Animals)

Sempre fui um rebelde sem causa. Inquieto, era capaz de transgredir para entender melhor as coisas. Mas não me queixava da rigidez que pairava na academia. Na verdade, estava adorando estudar na EPCAR. Tínhamos até uma banda de rock, o que tornava o ambiente ainda mais estimulante. Mas não gostava de algumas atividades militares, como tiro, marcha, treinamento de guerrilha e outras atividades semelhantes. Para evitá-las, praticava todos os esportes que eles ofereciam. Alguns, ainda pratico até hoje.

Mas, com 17 anos, meus hormônios estavam à flor da pele. E Barbacena, com uma taxa de nove mulheres para cada homem, era uma tentação. Além do mais, o sonho das meninas locais era a de se casar com um cadete. Vinham hordas delas das cidades vizinhas com a mesma expectativa. Caso conseguissem fisgar um cadete e com ele se casar seu futuro certamente estaria garantido, como ensinavam suas mães. Nós, os cadetes, éramos seus objetos de desejo.

E eu me sentia um sultão vivendo num harém. Fugia toda noite da academia para namorar. Para que não me descobrissem, deixava travesseiros embaixo do cobertor para fingir que estava dormindo. Além do mais, me precavia ao máximo para não ser visto pulando o muro da escola. Mesmo assim, fui flagrado em meus pequenos delitos várias vezes. A gota d'água foi quando me viram com a filha do Brigadeiro, Comandante da Escola.

A notícia logo se espalhou, chegando aos ouvidos dele e de sua família. Dessa vez, não escapei. Ao final do meu segundo ano fui "convidado" a me retirar. Afinal, já acumulara muitas sanções e meu desligamento se tornara inevitável.

Voltei para casa, em Botafogo, no Rio. O sentimento do meu pai ondulava entre a tristeza e a raiva por eu ter jogado fora o tal "futuro garantido". Nossa relação ficou muito complicada e culminou com a minha saída de casa. Fui morar com minha irmã no Flamengo.

Hot Dogs

Por essa época, fui convidado por dois amigos, Paulinho e Miltinho, para tocar na banda Hot Dogs. Além deles, a banda incluía o baterista Paulinho Jobim. Antes que me perguntem, digo logo: não, não era o filho do grande compositor.

Eles precisavam de um baixista. Então comprei um cavalete e um encordoamento de contrabaixo e, com eles, fiz uma adaptação precária no meu violão. Com meu "baixo" tosco, começamos a ensaiar na vila em que moravam, em Botafogo. Na empolgação, exigia demais daquele baixo improvisado. Ele obviamente não aguentou. Em poucos dias de ensaio, me vi sem instrumento e a banda, sem baixo.

A solução veio através da ajuda do pai do nosso guitarrista Miltinho. Ele era nosso grande incentivador e se dispunha a ser nosso empresário. A fim de resolver o problema e nos aparelhar da melhor forma possível, nos levou a uma loja de instrumentos musicais e comprou todo equipamento de que necessitávamos.

Foi um momento de muita alegria. Agora eu tinha um baixo decente, novo, um Begher, que carreguei para casa como se tivesse levando a coisa mais importante da minha vida. E de certo modo, era. Pelo menos naquele momento. Também não tirávamos os olhos dos nossos amplificadores, todos da marca Giannini.

Os shows vieram em seguida, e pouco a pouco começaram a preencher nossa agenda. Em meados de 1967 já estávamos em pleno voo. Tocávamos basicamente Byrds, Hollies e Beatles. Em agosto, dividimos o palco com D'Angelo e Orquestra e com Os Jingles, no Baile do Jaleco, organizado pelos estudantes da Faculdade Nacional de Medicina nos salões da Hebraica, em Laranjeiras. Também tocamos no lindo Quitandinha, em Petrópolis, hoje conhecido como Palácio Quitandinha. Naquela época, havia uma intensa programação artística no local. Todos os fins de semana os jovens podiam ver em ação bandas como The Bubbles, Os Centauros, The Baby's, Os Beatos, Os Canibais, The Thunderbirds, Os Espaciais, The New Breed, Os Santos, além de cantores e cantoras como Márcio Greyck e Cleide Alves, entre muitos outros.

Ainda no Quitandinha, certa vez abrimos um show para a estrela principal da noite, o cantor Chico Buarque. Nos camarins, depois de tomar algumas doses de whisky, me disse: *só consigo entrar no palco depois de beber.*

Além dos bailes, também invadimos o rádio e a TV. Aos domingos, pela manhã, apresentávamos um quadro na Rádio Roquette Pinto chamado "Hot Dogs Show", que fazia parte do programa "O que eles podem fazer", apresentado por Duque Estrada e dedicado "à juventude do Estado da Guanabara", como diziam. E na TV, fomos banda residente do programa "Um Instante Maestro!", no qual sucessos do momento passavam pelo crivo de um júri formado por jornalistas, músicos e eventuais celebridades, sob o comando do apresentador Flávio Cavalcanti. O programa era exibido todas as terças-feiras pela antiga TV Tupi, Canal 6.

Os Libertos

Embora a banda estivesse se exibindo com frequência, e nos ocupasse cada vez mais, o que servia como um alento para quem vivia de música, os Hot Dogs não resistiram a pressão dos pais de Paulinho e Miltinho. Eles exigiam que seus filhos parassem com aquela diversão de tocar em bandas a base de guitarras para se dedicar aos estudos. Uma carreira de advogado, médico ou engenheiro garantiria um futuro melhor para os filhos. Era essa a ladainha que se ouvia na época. O que me faz lembrar do que Mimi, tia de John Lennon, dizia para ele: *Music's all right John, but you'll never make a living out of it.*

Enfim, os Hot Dogs se desmancharam com as saídas de Paulinho e Miltinho, mas eu segui firme pensando em montar logo uma nova banda. Antes, porém, comprei minha primeira guitarra, uma Snake, de tonalidade avermelhada. Depois, chamei dois amigos, o Robertinho Silva (baixo) e o João (bateria). Nascia assim "Os Libertos".

Nossa primeira providência foi a de valorizar composições próprias. Elas foram surgindo aos poucos, como *Mudança de Aparências,* uma pequena crítica social, assunto recorrente em nossas novas criações. Logo, elas passaram a dominar o repertório dos Libertos. Afinal, estamos nos últimos meses de 1968, em plena ebulição tropicalista, movimento liderado por Caetano Veloso e Gilberto Gil que, entre outras coisas, trazia de volta as ideias do movimento antropofágico do modernista Oswald de Andrade. Além disso, ao injetarem a linguagem do rock, através das guitarras elétricas, nas suas composições com tons da cultura brasileira, como fizeram ao se apresentar acompanhados por bandas de rock no Festival de Música Popular Brasileira da TV Record – Caetano Veloso pelos Beat Boys, Gilberto Gil pelos Mutantes –, acabaram apontando um novo caminho para o rock brasileiro. Portanto, já não fazia sentido algum se dedicar a tocar exclusivamente músicas dos outros, sobretudo de autores estrangeiros, como era o caso dos Hot Dogs. Depois do tropicalismo, a busca por uma identidade musical própria tornou-se então imperativa. E só a conseguiríamos se baseássemos nosso repertório em músicas assinadas por nós mesmos.

Jorge Amiden , Os Medievais e Joint Stock Company

No início de 1969, logo após uma apresentação dos Libertos no Botafogo, conheci Jorge Amiden. Ele fora nos ver levado por seu

Jorge Amiden e o amigo Carlinhos Senra.
Foto cedida por Karlinhos (agora com K) Senra.

irmão Mário. Jorge gostou muito de nossa apresentação e me disse que queria fazer algo semelhante em sua nova banda, a Joint Stock Company. Ou seja, deixar de lado os covers em prol de composições originais. Na verdade, desde que começara sua trajetória como membro fundador dos Medievais, em 1967, sempre arranjava um jeito de incluir no repertório da banda pelo menos um número original.

Formado por Jorge, na guitarra, Mario, no baixo, Vinícius Cantuária como crooner e logo depois como baterista, no lugar de Sérgio, e Jorge Roberto, na guitarra, os Medievais atuaram por pouco mais de um ano tocando em bailes estudantis – como o que fizeram na Associação dos Estudantes Cearenses, na avenida Nilo Peçanha, no centro da cidade, em 20 de agosto de 1967 – ou em locais como a pérgula do Parque Aquático do Flamengo, em 20 de agosto de 1968, data de uma das últimas apresentações dos Medievais antes de Jorge formar o Joint Stock Company.

Os Medievais chegaram a gravar um compacto contendo *Hey de Vencer* de um lado e *Rosa* do outro. Apesar do otimismo refletido no tema principal, o disco não passou do estágio de acetato, e as dez cópias prensadas e distribuídas para algumas rádios foram totalmente ignoradas. Consta que nenhuma delas sobreviveu à passagem do tempo. Possivelmente destruídas ou atiradas num depósito de lixo.

Nesse período de passagem dos Medievais para o Joint Stock Company, Jorge Amiden chegou a ensaiar um trio com Carlinhos Senra, que havia passado pelos Centauros e Brazilian Rolling Stones, e com Jorge Roberto. Seria o Supra-Sumo, nome de um remédio da época. Mas o tal trio não passou de uma mera distração de Jorge enquanto ele deixava maturar em sua cabeça a criação do Joint Stock Company.

Os companheiros de Amiden em sua nova empreitada foram Sérgio Singauth (bateria), Mário Amiden (baixo), Renato Terra (teclados), Jorge Roberto (guitarra ritmo) e Vinícius Cantuária (vocal). Um alinhamento modificado em pouco tempo com a entrada de Geraldo

D'Arbilly, futuro baterista do Peso, na guitarra. Mais adiante, com a defecção de alguns integrantes, Sérgio Magrão (baixo) e Cezar de Mercês (vocais) também se tornaram membros do Joint Stock Company.

A banda ensaiava na Associação dos Ex-Combatentes, na Rua do Lavradio, na Lapa. Exatamente onde os Medievais também costumavam ensaiar. Aliás, o Joint Stock Company, assim como os Medievais, também teve o Clube de Regatas do Flamengo com um dos redutos de suas apresentações. Não por acaso, o Joint Stock Company começou o ano de 1969 tocando lá.

Os Elétrons

Quanto a Sérgio Magrão e Cezar de Mercês, meus futuros companheiros no "O Terço", o ponto de partida deles nessa trilha da música foi com Os Elétrons. Os dois eram fãs do grupo uruguaio The Shakers, que em 1967 fez enorme sucesso no Brasil com *Never Never*, uma feliz mescla de bossa nova com rock. Sergio também gostava dos brasileiros The Pop's, banda que estourou com seu disco de estreia, lançado em 1966, trazendo interpretações instrumentais de números tão díspares quanto um medley de cantigas de roda, um número de Roberto e Erasmo Carlos (*Quero Que Vá Tudo Pro Inferno*) e uma bela canção dos ingleses do Gerry & The Pacemakers (*Ferry Cross The Mersey*).

Os Elétrons atuaram entre os anos de 1966 e 1968, alinhando com Cezar na guitarra base e vocais, Sérgio na guitarra solo, Eduardo Rocha na bateria e Fernando Mattos no baixo. Em 1967, ano de maior atividade da banda, os Elétrons chegaram a abrir para o cantor Ronnie Von, no Mello Tênis Clube, e também ultrapassaram as fronteiras do município para apresentações em Três Rios. Por uma época, atuaram como um quinteto, com Augusto nos vocais.

No segundo semestre de 1968, depois da dissolução dos Elétrons, Sérgio Magrão e Cezar de Mercês migraram para o Joint Stock Company. Com eles a bordo, a banda foi responsável pelos números

Os Elétrons. A partir da esquerda: Cezinha, o empresário Dirceu, trajado como os integrantes da banda, Eduardo, Fernando Matos e Sérgio Magrão. Foto cedida por Sergio Magrão.

musicais durante o meu casamento com Solange, na Paróquia Santa Mônica, no Leblon.

A cerimônia, pomposa, sem dúvida, deu o que falar. Além de virar matéria jornalística da TV Globo, ocupou duas páginas da revista semanal Manchete em sua edição de 22 de março de 1969. Minha indumentária era a de um pajem medieval italiano, tal qual um personagem de *Romeu e Julieta* ou de *A Mandrágora*, segundo a importante publicação. Solange copiava o estilo da Princesa Leopoldina.

O "casamento tropicalista", como noticiado pelo jornal O Globo (10-03-1969), teve "guitarras que tocavam os principais sucessos da música jovem mundial, meninas de minissaia, mini blusas, pantalonas, camisas floridas (e) umbigo de fora, (além) de berros estridentes e aplausos, em vez de arroz, na saída triunfal dos noivos tropicais".

Casamento do Sérgio Hinds foi notícia (Revista Manchete, 1969).

Uma parada dos Libertos depois do meu casamento fez João migrar para o Joint Stock. Ele assumiu as baquetas no lugar de Mário

Celso, o substituto de Sérgio, e participou da última apresentação da banda fundada por Jorge Amiden no Flamengo, quando o Joint Stock Company dividiu a festa com The Divers, a banda do baixista Arnaldo Brandão, em 14 setembro de 1969.

Pouco tempo depois, Cezar e Magrão, por motivos diversos, deixaram a banda. Magrão, por exemplo, foi servir o exército. Como eu e Jorge Amiden já vínhamos compondo, decidimos unir nossas forças ao fundir as duas bandas, Os Libertos e o que restou do Joint Stock Company. Ou seja, dessa união originou-se um quinteto formado por João, Robertinho, Jorge, Vinícius e eu. Mas continuamos com o velho nome de Os Libertos.

Corumbá, MS

A oportunidade de fazermos uma pequena temporada de shows em Corumbá, no Mato Grosso do Sul, onde morava uma parte da família do Jorge Amiden, nos deixou empolgados. Ainda que não fosse por muito tempo, estávamos disponíveis e sem compromissos no Rio. Portanto, valia o passeio, ainda que tivéssemos que enfrentar uma interminável estrada até o outro lado do país. Mais precisamente, até a fronteira com a Bolívia, onde fica a cidade de Corumbá.

A viagem foi uma aventura. Fomos todos amontoados na minha Kombi. Eu, Robertinho, Vinícius, Jorge, João e Mário Amiden, que também foi conosco. Dividindo o limitado espaço do veículo, todo o nosso equipamento (guitarras, baixo, bateria, amplificadores, cabos, microfones...), além de nossas malas. Apesar do aperto, nossa animação era tanta que nos ajudou a superar com sobras todo o nosso desconforto durante a longa viagem.

Só não contávamos com um pequeno contratempo. Na cidade paulista de Bauru, acabamos presos. Uma Kombi cheia de cabeludos, com fios, cabos, microfones, e gargalhadas não poderia mesmo causar boa impressão para os policiais que nos interpelaram. Ainda por cima dizendo que éramos Os Libertos. Ora, se autointitular "os libertos" em plena ditadura parecia uma provocação. Além do mais, aqueles fios e microfones os deixaram desconfiados. Talvez estivéssemos planejando um ato político qualquer, como um comício a favor da democracia e da liberdade de expressão, o que não era permitido naquela época. E ainda por cima, sob a óptica preconceituosa deles, como éramos cabeludos e roqueiros, poderíamos estar transportando drogas em meio à parafernália que carregávamos.

O difícil foi explicar ao delegado que éramos apenas seres inofensivos. Uma mera banda de rock a caminho de um compromisso. Enfim, depois de muita conversa, recuperamos nossa liberdade, abastecemos a Kombi e aceleramos na direção do centro-oeste brasileiro, onde o futuro nos aguardava.

****

Em Corumbá, nos hospedamos na casa da tia de Jorge, Safie Saff, que nos recebeu muito bem. Fizemos nosso primeiro show no ginásio do Corumbaense F.C., em 4 de outubro de 1969. Ginásio lotado. Afinal, a atração vinha do Rio de Janeiro, o suficiente para atrair um numeroso público para o local. De mais a mais, nossa apresentação fora divulgada com alarde por toda cidade.

A banda MJ6 fez as honras da casa. Depois, foi a nossa vez. Tocamos Beatles, Byrds e mais um punhado de temas enxertados com material próprio que fez o público vibrar do começo ao fim de nossa apresentação. A noite foi um sucesso, mas não terminou bem.

Nosso contratante, o diretor do clube, alegou que o dinheiro arrecadado não foi suficiente para cobrir todas as despesas. Elencou um punhado delas. Até pratos e copos quebrados e cinzeiros desaparecidos entraram no rol dos gastos para justificar o que nos pagou. Um valor bem inferior ao que fora acertado, o que gerou indignação da nossa parte.

Seguiu-se enorme bate-boca, com xingamentos em alto e bom som se espalhando pela noite corumbaense. Robertinho e o diretor quase saem no tapa. Foi uma merda. Resultado, saímos de mão abanando.

Passamos a noite em claro na casa da tia do Jorge. Embora decepcionados, chegamos à conclusão que o melhor a fazer naquele momento era encontrar um local, lá mesmo, onde pudéssemos nos apresentar. Baseado no sucesso da nossa única apresentação até então, concluímos que não seria difícil dar a volta por cima.

Fomos até a lanchonete do Karin Mohale, que tinha se tornado nosso amigo e que também presenciara a confusão da noite anterior. Muito gentil, nos garantiu alimentação diária e gratuita em sua lanchonete e nos emprestou um sobrado, para onde nos mudamos. Já o tio do Amiden, Jorge Cassab, nos deu carta branca para transformar o restaurante dele num ambiente onde pudéssemos nos apresentar.

Com a ajuda das primas do Jorge e de novos agregados, arregaçamos as mangas e tratamos de transformá-lo e decorá-lo a fim de deixá-lo mais atraente e com cara de casa noturna. Um misto de boite com casa de show, a "Boite Libertos", como carinhosamente a apelidamos.

Pronto, o circo estava armado.

Com nosso sorriso de volta, passamos a nos apresentar na "nossa casa noturna" todas as semanas, nas noites de quinta a domingo. E não foi difícil atrair a juventude antenada da região para nos ver. Éramos uma boa banda e não havia por lá nenhuma que se comparasse conosco. Rapidamente nos tornamos *the talk of the town*. Nas ruas, acenavam para nós e a galera local passou a copiar nosso modo de se vestir. Se usássemos uma bandana na cabeça, na noite seguinte já tinha gente usando o mesmo tipo de acessório. O fato é que desde que passamos a nos apresentar lá, as noites corumbaenses nunca mais foram as mesmas.

Puerto Suarez, Bolívia

Contudo, a vida na pacata cidade do centro-oeste brasileiro não se resumiu as nossas rotineiras apresentações no restaurante. Nesse meio tempo, um compromisso nos levou até a Bolívia, à cidade vizinha de Puerto Suarez. Através de um conhecido nosso, fomos contratados por estudantes universitários bolivianos para fazermos uma apresentação por lá.

Parecia uma data importante, de celebração. Evidentemente, seríamos a cereja do bolo. O fato é que havia muita sutileza nas conversas. Nada era muito claro e as informações nos chegavam fragmentadas. Chegamos a crer que tal comemoração seria por conta do aniversário da pequena cidade boliviana. Ledo engano. Em nossa ingenuidade, sequer atinamos para os recentes acontecimentos políticos do país vizinho. Naquela época, os golpes militares se sucediam numa velocidade estonteante. Foram vários entre abril de 1969 (quando o presidente linha dura René Barrientos morreu num suspeito acidente de helicóptero) e agosto de 1971 (quando o coronel Hugo Banzer derrubou o governo do general Juan José Torres). Depois soubemos que havia um interventor na cidade, o que explicava todo o rebuliço.

Já havia anoitecido quando chegamos em Puerto Suarez. Fomos em três carros. Um deles, dos nossos contratantes. A cidadezinha era bem simples, com construções baixas. Na praça principal, a indefectível igreja. Numa birosca, comemos uma sopa de moluscos, meio aguada, mas gostosa. Depois, caminhando pelas ruas, fomos seguidos por um punhado de curiosos. Afinal, que bando de cabeludos seria aquele, metidos em calças boca de sino, sapatos listrados, batas e camisas de renda?

Para passar o tempo, entramos num restaurante. Comemos saltenha (uma espécie de empanado ou pastel boliviano com molho de batata cozida e frango) e nos empapuçamos de cerveja. Depois, quando nos dirigimos para o clube, nos alojaram num quarto de um

35

prédio baixo, com janelas basculantes. Seria nosso camarim. De repente, pedras começaram a ser arremessadas em direção ao nosso alojamento. Seriam opositores ao Golpe? Ou seria preconceito contra nossa imagem?

A verdade é que havia tensão no ar. E ela nos rodeava. Pensando em retrospecto, é possível que tivéssemos sido contratados por partidários do Golpe, de modo que nossa presença em Puerto Suarez teria se tornado malvista por parte dos seus opositores.

Em todo caso, saímos de lá escoltados por soldados de fardas azuis e capacetes brancos. O clube era ao lado. Uma construção baixa e estreita, com o palco ao fundo, na extremidade oposta à entrada. Fomos direto para lá, onde nosso equipamento já estava montado. Sem delongas, iniciamos o show. O de sempre. Com poucos covers (de Classics IV, Beatles, Creedence Clearwater Revival) e muito material original, incluindo as duas canções da época dos Medievais (*Hey de Vencer* e *Rosas*) e um número crescente de composições assinadas por mim e por Jorge, como *Saturday Dream,* mais tarde incluída no primeiro LP do Terço.

Algum tempo depois, chega o tal interventor. Um Coronel devidamente fardado e sua pequena entourage: alguns oficiais e um bando de putas. Tensão no ar. Se acomodam nas cercanias do palco e passam a pedir músicas. Querem ouvir samba, música de carnaval e Roberto Carlos. Ao aumentar o consumo de bebidas, os pedidos se tornam insistentes, aos gritos. Conseguimos embromá-los, tocando dezenas de vezes as poucas músicas que conhecíamos nessa linha. Muito mal tocadas, obviamente. Para piorar, nesse meio tempo, Mario passou mal. Teve uma crise de hipoglicemia e desmaiou por alguns segundos. Enfim, uma noite tensa e desastrosa.

Passamos o que restou da noite na coxia do clube. Às sete horas, com o dia já claro, acomodamos nossa aparelhagem no caminhão do nosso amigo Renato, que viera nos buscar, e embarcamos de volta à Corumbá.

Churrasco no Pantanal

A vida por lá não se resumia apenas aos nossos shows. Também nos aventuramos pelo pantanal quando fomos a um churrasco numa pequena aldeia indígena. Fernando, outro amigo nosso, funcionário de um órgão semelhante a Funai, organizou nosso passeio. Nos dividimos entre o Jeep dele e minha Kombi. Éramos umas 15 pessoas, entre integrantes da banda, familiares do Jorge e amigos.

Saímos cedo, por uma estrada de terra, debaixo de sol forte, calor infernal e muita poeira. Depois de algumas horas pantanal adentro, admirando sua peculiar natureza e seus belos tuiuiús, chegamos a margem de um pequeno braço do Rio Paraguai. Teríamos que atravessá-lo a pé. Era um trecho raso de águas sabidamente cheias de piranhas. Mas não naquele trecho, como nos garantia Fernando. "É por aqui que os índios passam", nos disse ele.

Depois de alguma hesitação, vencemos o medo e encaramos a travessia. Do outro lado, os índios já estavam à nossa espera. Caminhamos por mais de um quilômetro até chegarmos numa área mais ampla onde havia uma espécie de galpão sem paredes, só com o telhado, onde os índios costumavam fazer suas refeições.

O churrasco transcorreu muito bem, num ambiente alegre e cordial. O problema era o banheiro. Apenas um canto cercado de madeiras ligeiramente afastadas umas das outras e há poucos metros do galpão. Ou seja, quase não havia privacidade. Dentro, um buraco ladeado por madeiras onde apoiávamos os pés para fazer nossas necessidades. De pé ou de cócoras. Uma situação constrangedora pela qual tive que passar.

****

Embora tivéssemos expandido nosso raio de ação, o que incluía apresentações no Riachuelo, um clube nas cercanias do rio Paraguai, a vida em Corumbá às vezes mostrava-se enfadonha. Cansado daquela rotina, e sentindo-se saudoso de casa, Robertinho largou tudo e viajou de volta para o Rio. Mario Amiden, que já tinha largado a banda, nos socorreu e se juntou a nós novamente.

Nesse meio tempo, João arrumou uma namorada em Campo Grande e passou a viajar para lá com frequência. Nessas horas, ensaiávamos com Vinícius na bateria, instrumento que já experimentara desde a época dos Medievais e com o qual vinha se afeiçoando. E de tanto praticar, passou a exibir um talento que talvez nem ele mesmo soubesse que tinha. Quando João decidiu viajar de volta para o Rio, igualmente saudoso de casa, já sabíamos quem seria o nosso novo baterista.

PARTE 2
O Terço Alça Voo

De Volta ao Rio

Já corria o ano de 1970 quando precisei ir ao Rio para resolver pequenas coisas. Um dia, parado em um sinal na Avenida Rio Branco, no centro da cidade, avistei Paulinho Tapajós, que conhecera através de outro Paulo, o Jobim, ex-companheiro dos Hot Dogs. Ofereci carona e seguimos conversando em direção à Zona Sul.

— *E aí, Paulinho, o que você anda fazendo?*

— *Estou na Philips* (hoje, Universal)*, encarando minha primeira produção. Um disco do Ivan Lins. E você, ainda está com banda?*

Evidentemente, contei-lhe de nossa aventura e do sucesso que fazíamos em Corumbá. Ele mostrou-se interessado e disse que gostaria de nos ouvir. Caso gostasse, tentaria nos encaixar lá na gravadora.

Levei as boas novas para Amiden, Vinícius e Mário, que só tiveram tempo de arrumar as malas, pegar os instrumentos e partir de volta para casa felizes da vida. De fato, as opções em Corumbá já haviam se esgotado. Não havia mais nada que a cidade sul-mato-grossense, que nos recebeu tão bem, pudesse nos oferecer. Portanto, diante da possibilidade de gravarmos um disco por uma grande gravadora, não capitulamos. No entanto, levamos conosco as melhores recordações de nossa passagem por Corumbá. Entre tantas, Mario ainda lembra com carinho da reação entusiasmada do público do Riachuelo sempre que tocávamos *Saturday Dream*. Na minha ausência, Jorge e Vinícius a executavam *A Capella* tendo ao fundo apenas o baixo de Mário. O meu velho Begher.

No Rio, a audição aconteceu no salão da antiga sede do Flamengo, na avenida Oswaldo Cruz. Diante de nós, sentados a uma certa distância, Paulinho Tapajós, o compositor Nonato Buzar e o arranjador Eustáquio Sena. Nos apresentamos como um trio, eu, Jorge e Vinícius. Pressionado pelos pais, Mario voltara para os estudos.

Nossa apresentação agradou em cheio. E nem precisamos tocar muito. Logo, fomos interrompidos pelos gritos de Paulinho Tapajós:

— *Basta, basta, estão contratados!*

O Terço

O nome, Os Libertos, não agradava ao nosso produtor. E agradou muito menos ao órgão de censura do governo militar. Como já disse antes, embora nosso nome não tivesse qualquer conotação política, mas sim uma alusão ao nosso desejo de liberdade musical, ele não combinava com aqueles tempos sombrios pós-AI5. Foi obviamente vetado.

Apelamos para nossa segunda opção: Santíssima Trindade. Enfim, éramos três e eu era chamado de Jesus por Paulinho Tapajós e por Ivan Lins por conta dos meus cabelos compridos e da minha barba. Chegamos a dar uma entrevista para a revista Romântica no momento em que assumíamos nossa nova denominação.

Como se pode ver, nas páginas da edição de abril de 1970 da referida revista, em matéria intitulada "A Trindade Conquista a Liberdade", chegamos até a justificar o motivo da nossa primeira escolha: *Queremos apenas a liberdade do som, daí a ideia inicial do nome "Os Libertos".*

Revista Romântica, 1970.

Quanto a Santíssima Trindade, lembro que conversamos com um padre sobre a nossa escolha. Queríamos ouvir a opinião dele. Evidentemente, ele foi inteiramente contra. Não achou adequado batizar uma banda de rock com aquela alusão religiosa.

O fato é que nem "Os Libertos", nem "Santíssima Trindade" vingaram. Partimos então para um terceiro nome, e a escolha recaiu sobre "O Terço". Afinal, éramos três, o "terço religioso" significa a "terça parte do rosário", mantendo-se a ideia de "três partes", e, além do mais, mantinha-se a conexão com a linha religiosa iniciada com Santíssima Trindade.

Embora em algum momento Amiden tenha atribuído a origem do nome "O Terço" ao padre, na verdade, o que ocorreu durante nosso encontro na igreja foi que ele acabou nos ofertando um terço. O que estava pendurado na parede atrás de nós.

Quem de fato sugeriu o nome foi uma publicitária amiga de Paulinho Tapajós. Inteirada de nossas escolhas, que acabaram abandonadas por uma ou outra razão, e considerando que se tratava de um trio, acabou sugerindo o epíteto com o qual a banda viria a se consagrar: O Terço.

Curiosamente, o tal terço que o padre nos deu acabou indo parar na capa do nosso primeiro LP.

Mas, antes disso...

Na Trilha dos Festivais

O Terço entrou em cena antes mesmo do lançamento do disco. Fomos defender uma canção de Guttemberg Guarabyra e Renato Corrêa, dos Golden Boys, chamada *Velhas Histórias*, no Festival de Juiz de Fora.

Em sua terceira edição, o festival mineiro era, naquela época, um dos mais importantes do país. Ainda que não tivesse a mesma visibilidade e projeção dos festivais de Música Popular Brasileira, promovidos pela TV Record, e do Internacional da Canção Popular (FIC), da TV Globo, era uma excelente vitrine para os artistas que dele participassem.

O evento ocorreu entre os dias 30 de maio e 1º de junho de 1970. Além de nós, as cantoras Evinha e Clara Nunes e o agitador Carlos Imperial, entre outros, também concorreram. Evinha defendendo uma canção do nosso produtor, Paulinho Tapajós, em parceria com o nosso arranjador, Arthur Verocai, chamada *Clara*.

Para a nossa surpresa, ganhamos o festival! Imaginem, era nossa primeira apresentação, e ainda por cima num festival tão importante como o de Juiz de Fora. Nossa alegria transbordava por todos os poros. Além dos abraços e tapinhas nas costas saímos do festival com fama de "pé quente". Consequentemente, choveram convites para participarmos de outros festivais.

Embora essa onda de certames musicais se espalhasse por todos os cantos do país, nós nem precisamos sair de Minas Gerais. Ali mesmo eles se multiplicavam, portanto, na nossa rota, entraram o II Festival Audiovisual de Cataguases e o Festival Universitário de Belo Horizonte. No primeiro deles, defenderíamos *Jesus Ressurgirá no México*, outra composição de Guarabyra, desta vez em parceria com Medeiros Filho, enquanto no segundo concorreríamos com a canção *Espaço Branco*, de Flávio Venturini e Vermelho. Seria nosso primeiro contato com Flavinho, futuro integrante d'O Terço.

Antes disso, porém, desembarcamos em Cataguases em meados de julho de 1970. Para a população daquela cidade da zona da mata mineira foram dias de muita agitação. Sobretudo depois da chegada dos artistas e de outros profissionais da música. A maioria, de gente nova no cenário musical brasileiro, como Rui Maurity, Macalé, Grupo Mineiro, Equipe Mercado, LSE (Laboratório de Sons Estranhos) e, claro, O Terço.

O festival repercutiu. E muito. Especialmente por conta do ousadíssimo *happening* apresentado pela Equipe Mercado. Provocar era o lema da banda carioca formada por Diana Estela (hoje, Dasha), Ricardo Guinsburg, Ronaldo Periassú e Antônio César Lemgruber. Naqueles dias difíceis, asfixiados pela ditadura vigente, a Equipe Mercado transgredia sem medo de provocar a ira de parte do público, como aconteceu em Cataguases. A ideia era a de promover o rompimento com o conformismo e com as atitudes redundantes. Dar um passo adiante, social e coletivamente, apesar de tudo.

Para apresentar *Marina Belair*, uma das fortes concorrentes na opinião dos jurados, a Equipe Mercado surgiu no palco com seus numerosos agregados, todos em andrajos: esfarrapados, rasgados, sujos, seminus. Em seguida, despejaram no centro do palco todo o lixo que haviam recolhido pela cidade. Um fedor só. À medida que a música evoluía, mulheres e homens protagonizavam cenas libidinosas. Entre eles, um homem vestido apenas de sunga, com o corpo musculoso de halterofilista todo banhado em azeite e lixo simulava atos sexuais com duas mulheres (RODRIGUES, 2014). Já teria sido um escândalo se parasse por aí, mas teve mais: sentados na beirada do palco, Periassú e um punhado de meninas mastigavam carne crua misturada em suco de groselha (para parecer sangue), e depois a atiravam em direção ao público. O público reagia, arremessando de volta ao palco os nacos de carne embebidos em groselha. A cantora Clementina de Jesus pegou um pedaço de carne que voava de um lado para o outro, virou-se para seus companheiros do júri e, em meio ao pandemônio, gritou "É carne de primeira!!!"

O fato é que a banda e seus agregados tocaram fogo no recinto, mas saíram do palco sob intensas vaias e uma saraivada de insultos. Para resumir a história, a polícia foi chamada, a banda levada para a delegacia e, por fim, expulsa da cidade. Quanto a nós, obtivemos apenas a quinta colocação com *Jesus Ressurgirá no México*.

Marina Belair
Manicure do escândalo
Gritrilhos de quinta categoria...
(*Marina Belair* - Equipe Mercado)

Tivemos mais sorte no Festival Universitário de Belo Horizonte, defendendo a música *Espaço Branco*, de Flávio Venturini e Vermelho. Embora não nos conhecessem pessoalmente, nos escolheram para interpretar a canção deles a partir de informações disponibilizadas por nossa gravadora. Flávio, contudo, afirma que foi a gravadora que indicou O Terço para defender a canção deles no festival de BH.

Fomos então para Belo Horizonte, em mais uma escala na trilha dos festivais. Junto conosco foi o grupo vocal feminino Umas e Outras, que incluía Dorinha Tapajós, irmã do nosso produtor. Aliás, nos juntamos a elas no palco para fazer os vocais de apoio.

Para coroar a semana, faturamos o segundo lugar, resultado que ajudou a consolidar ainda mais o nosso nome diante do público e da própria indústria do disco.

O Primeiro Disco

Jorge Amiden, Sérgio Hinds e Vinícius Cantuária sobre os caibros de uma velha casa durante a sessão de fotos para a capa do primeiro LP da banda.

A Companhia Brasileira de Discos (ou Philips, como era mais conhecida), obviamente, acelerou o lançamento do nosso primeiro LP depois de nossa vitoriosa participação no Festival de Juiz de Fora.

O disco foi gravado em quatro canais, com utilização de fita de ½ polegada. Tínhamos direito a um ou dois *overdubs,* reduzindo o que estava gravado em quatro canais para dois, deixando mais dois livres para eventuais acréscimos, e com perda mínima de qualidade.

Gravávamos todos juntos, como num show ao vivo. Por isso, tínhamos que estar bem ensaiados. Até porque poderia haver alguma oscilação no andamento das músicas por falta de metrônomo nos fones de ouvido de Vinícius.

Depois de concluídas as gravações, em maio de1970, nos metemos em uma casa em escombros no bairro de Santa Teresa para fazermos a foto da capa do LP. A casa ficava num lugar alto e íngreme. Tivemos que escalar por suas paredes e janelas até atingirmos os caibros sobre os quais nos posicionamos cuidadosamente para a sessão de fotos.

Nossa ideia era que a foto nos mostrasse num local perigoso, capaz de impactar de imediato o eventual comprador do disco. Por isso nos arriscamos andando pelos caibros vários metros acima do piso. Infelizmente, para nossa surpresa, nenhum ângulo escolhido pelo fotógrafo foi capaz de capturar essa ideia. Quem olha rapidamente para a foto que adorna a capa do nosso primeiro LP pensa que estamos sentados numa simples escada de um prédio velho, sem risco nenhum.

O disco homônimo, *O Terço,* chegou às lojas em junho de 1970 através da etiqueta Forma, que pertencera ao produtor Roberto Quartin e a Wadi Gebara, o Diretor Artístico do selo. Fundada em 1963, a Forma se notabilizou por seus lançamentos antológicos, entre os quais: *Inútil Paisagem*, de Eumir Deodato, *Coisas*, de Moacir Santos, *Novas Estruturas*, de Luiz Carlos Vinhas e *Os Afro-Sambas*, de Baden e Vinícius. Ao ser adquirido pela CBD, o selo foi reativado a fim de abrigar os discos produzidos por alguns dos novos produtores da casa, como Paulinho Tapajós. Evidentemente, o nosso disco e o primeiro de Ivan Lins (*Ivan Lins Agora...*), do qual também participamos, encontram-se entre os primeiros lançamentos dessa nova fase da Forma.

O Terço traz 12 faixas, metade delas assinada por Jorge Amiden e por mim. Entre elas, algumas brotadas em Corumbá, como *Imagem,* além da adaptação que fizemos para *Oh! Susannah* (*Oh! Suzana*), canção tradicional do folclore norte-americano. Curiosamente, como bem lembrou Mario Amidem, Zé Rodrix participou das gravações dessa canção inserindo alguns efeitos sonoros, como o som das patas de cavalo e o seu relinchar, facilmente identificados pelo ouvinte. Evidentemente, copiamos nossos ídolos The Byrds ao incluirmos esta canção tradicional em nosso disco. Eles haviam incluido esse tema no segundo LP deles, *Turn! Turn! Turn!*, de 1965. Até o posicionamento da canção no disco foi o mesmo: a última do lado 2, como fizeram os Byrds.

O prolífico Amiden também dividiu canções com outros parceiros, entre os quais, Cezar de Mercês. É deles uma das duas canções em inglês que registramos para o disco: a já mencionada *Saturday Dream*. A outra é *Yes I Do,* de Jorge e Ivone Maciel, uma fã dos Libertos sempre presente nos nossos shows em Corumbá.

De modo geral, são as canções leves, embelezadas pelo arranjo orquestral de Arthur Verocai, que dominam o repertório do LP. De permeio, incursionamos pelo funk (*I Need You*), colocamos um pé na MPB, através de uma canção de autoria de Danilo Caymmi, Beth Campbell e Paulinho Tapajós (*Meia Noite*), e diminuímos o ritmo na lenta balada de Guttemberg Guarabyra e Renato Corrêa (*Velhas Histórias*), que nos deu a vitória no Festival de Juiz de Fora.

Vale anotar que a premiada canção nem fazia parte do alinhamento original do disco. Mas depois de sua consagração, ganhou uma vaga de última hora no nosso LP, deixando de fora *Edifício da Avenida Central*. Esta acabou alocada no lado B do compacto simples que a CBD também mandou rapidamente para as lojas com *Velhas Histórias* em seu lado principal.

Não é a coisa mais perfeita que eles vão fazer na vida (...), mas é bom ter este disco em casa.
Correio da Manhã, 14 de agosto de 1970

*O Terço é um conjunto que promete,
pois produz interpretações harmoniosas bem equilibradas.
Vale a pena ouvir este disco.*
Tribuna da Imprensa, 14 de agosto de 1970

****

A trajetória d'O Terço seguia de vento em popa. A notícia de que uma composição minha e do Jorge (*Tributo ao Sorriso*) fora selecionada para participar da quinta edição do Festival Internacional da Canção Popular (o FIC), um dos mais importantes daquela época, nos deixou nas nuvens.

Realizado no mês de outubro de 1970, o V FIC enfileirou no palco do Maracanãzinho artistas já consagrados, como Agostinho dos Santos, Cauby Peixoto e Ellen de Lima; alguns oriundos da jovem guarda, como Márcio Greick e Wanderléa; além de bandas como o Som Imaginário e o Módulo 1000.

Nossa estreia no festival foi no dia 15 de outubro, na primeira fase eliminatória. Foi uma noite concorrida e variada na qual se destacaram, entre outros, o Grupo Abolição, de Dom Salvador; o pesado e psicodélico Módulo 1000 se esforçando para tocar algo mais palatável para o povão; o Som Imaginário, banda de apoio do cantor Milton Nascimento; Ivan Lins, que se revelou no Movimento Artístico Universitário (MAU); e a cantora Beth Carvalho, então despontando no cenário.

Vinícius, Jorge e eu surgimos no palco depois da aplaudidíssima apresentação do cantor Fábio, que defendeu *Encouraçado*, de Sueli Costa e Tite Lemos. Nossa linda composição, *Tributo ao Sorriso*, também atraiu a empatia do público. Sua ligeira aura de erudição à custa de sua linha melódica, de uma cuidadosa harmonização vocal e do belo arranjo orquestral de Verocai garantiu nossa classificação para a tão almejada fase final do famoso festival.

Já rocei
A orla da luz
Então me transformei
A força vital
Meu desejo eu alcanço
Atrás da existência

Contemplei e bradei
De dentro, então

Glória ao sorriso
Vitória ao semblante
Que no instante sentia

(*Tributo ao Sorriso* – O Terço)

Na noite do dia 18 de outubro, dia da Final, o clima de excitação tomou conta do Ginásio Gilberto Cardoso, o Maracanãzinho. Em seu interior, cerca de 15 mil pessoas aguardavam ansiosas pelo início do evento. Entre as classificadas para disputar o almejado troféu de canção vitoriosa do V Festival Internacional da Canção Popular estavam *Feira moderna*, de Beto Guedes e Fernando Brant, defendida pelo Som Imaginário; *Um Abraço Terno em Você, Viu Mãe?*, de Luiz Gonzaga Jr., interpretada por ele mesmo; *Universo no Teu Corpo*, defendida por seu autor, Taiguara; *BR-3*, de Antônio Adolfo e Tibério Gaspar, com Tony Tornado, Trio Ternura e Quarteto Osmar milito; *O Amor é Meu País*, de Ivan Lins e Ronaldo Monteiro de Souza; e *Eu Também Quero mocotó*, de Jorge Ben, na voz e no balanço de Erlon Chaves e Banda Veneno.

Para nossa surpresa, fomos escolhidos pela organização do evento para abrir a noite, o que evidentemente não nos favoreceu. A efeméride chegou ao fim com a grandiosa apresentação de Erlon Chaves, acompanhado da Banda Veneno, formada por três trompetes, três trombones, um sax-alto, bateria, contrabaixo, guitarra e ritmistas, além de bailarinas, coro masculino e feminino num total de 40 figuras (HOMEM DE MELLO, 2003), e que fez o público todo cantar junto *eu quero mocotó / eu quero mocotó / eu quero mo co tó / eu quero mo co tó...* e, ao final, aplaudi-lo de pé.

Mas a grande vencedora foi *BR–3*, uma canção com levada soul, defendida com muita garra pelo cantor Tony Tornado, acompanhado pelo Trio Ternura e pelo Quarteto Osmar Milito. Como escreveu um dos autores em "Histórias Secretas do Rock Brasileiro" (RODRIGUES, 2014, P. 269), o "dono de uma exuberante cabeleira afro, Tony Tornado, causou enorme impacto com sua espetacular performance, contagiando os jurados e levando o público ao delírio, ao imitar os passos e o estilo do "Pai do funk", James Brown."

Tributo ao Sorriso só alcançou a nona colocação, o suficiente para transformá-la em sucesso radiofônico e a colocar O Terço novamente nas páginas das revistas e dos jornais dos grandes centros do país.

A CBD, claro, aproveitou o momento para jogar no mercado mais um compacto d'O Terço. Desta vez, emparelhando *Tributo ao Sorriso* com outro grande destaque do festival (*Eu também Quero Mocotó*). O disco dividido com Erlon Chaves surgiu através do selo mais nobre da companhia – Philips.

FOTO REALIDADE AUMENTADA

"O Terço" no Festival Internacional da Canção, 1970.

Aberto para Obras

Saindo do ambiente eufórico e iluminado dos festivais, o espetáculo de vanguarda "Aberto Para Obras" colocou O Terço ao lado do Módulo 1000, d'A Charanga e do cantor Luiz Antônio num cenário surreal e sombrio implantado "nodecadente, dodecadente" Teatro de Arena, ancorado no coração do Largo da Carioca. Seria "um espetáculo no receptáculo, onde cada um é e não é o obstáculo".

Assim, com sarcasmo e ironia, anunciava um dos panfletos de divulgação do evento. A linguagem nonsense tinha tudo a ver com o grupo de músicos, poetas e artistas plásticos que o idealizou e produziu. Sobretudo porque se incluía entre eles o filósofo, poeta, anarquista, compositor e um dos pilares da banda vanguardista Equipe Mercado, Ronaldo Periassú.

De 17 a 30 de novembro, quem lá esteve se deparou com uma cerca de arame farpado isolando o público dos três palcos localizados em posições distintas. O d'O Terço ficava no alto da arquibancada, forçando o público a se virar e torcer o pescoço para nos ver. O inusitado ia além. Uma mulher (Miriam, esposa do empresário do Módulo

1000) passava todo o espetáculo fazendo pipocas em um dos palcos, enquanto o irmão do Jorge Amiden permanecia sentado num vaso, tocando um violão sem cordas que, ao final, ele destruía.

O experimentalismo estético também se estendia a presença dos artistas plásticos Dito Ramos e Wander Borges. À medida que o show avançava as telas, antes em branco, ganhavam as cores e as formas que só se revelariam por inteiras ao final do espetáculo. Ao mesmo tempo, minha esposa, Solange, passava o show desenhando figurinos, como fazia regularmente para o conhecido costureiro Gil Brandão.

O Terço estava em grande forma, sobretudo nos temas que exigiam mais de nossa harmonização vocal, como *Imagem, Yes, I do, Tributo ao Sorriso* e *So You Want To Be A Rock 'n' Roll Star*, esta última de um dos nossos grupos favoritos – The Byrds. Aliás, esse tema de McGuinn e Hillman era um dos destaques dos shows do Joint Stock Co.

Tocar para um público ávido por um bom show de rock era o que nos interessava. O público dos bailes, de modo geral, era diferente. Ia aos clubes para se divertir, dançar e paquerar, não necessariamente para ver a banda. Também se fazia indispensável tocar covers, especialmente se fosse de sucessos do momento. Embora a demanda por shows de rock no país ainda fosse insuficiente para manter uma banda na estrada por muito tempo, os bailes, definitivamente, estavam fora de questão.

Finda a temporada do "Aberto Para Obras", o que se seguiu foi uma fase de pouca atividade do trio. Nos primeiros meses de 1971, participamos do programa "Som Livre Exportação", da TV Globo, e lançamos mais um compacto simples, trazendo dois temas assinados por Jorge Amiden e Cezar de Mercês: *Adormeceu* e *Vou Trabalhar*.

Como eu era o único casado da banda, precisei me virar. Deixei O Terço em segundo plano e fui trabalhar com Ivan Lins.

****

Naquele período de final dos anos 1960 e começo dos anos 1970, Ivan Lins fazia parte do MAU, o Movimento Artístico Universitário. Grupo de músicos e compositores que também incluía Gonzaguinha, Aldir Blanc, César Costa Filho, Rui Maurity e Sueli Costa, entre outros. Todos estudantes universitários. Tudo começou através dos encontros de amigos no apartamento do psiquiatra e músico Aluizio Porto Carreiro de Miranda, na Tijuca. Religiosamente, todas as sextas-feiras, sobretudo nos anos de 1968 e 1969, a Rua Jaceguai, no. 27, se transformava num reduto de celebração à música. O violão passava de mão em mão, enquanto se discutia o cenário musical do país num momento de endurecimento da censura e do cerceamento das liberdades individuais impostos pela ditadura militar.

O fato é que o MAU tornou-se um canal muito importante para divulgação do trabalho desses artistas. Quase todos se servindo inicialmente dos festivais universitários para mostrar sua música. Ivan Lins, no entanto, saltou dos encontros da Rua Jaceguai para os grandes festivais. Sua composição, *O Amor é o Meu País*, obtivera a segunda colocação no V FIC. Além disso, *Madalena*, música dele e de Ronaldo Monteiro de Souza, estava estourada na voz de Elis Regina. Enfim, com Ivan, viajamos o Brasil inteiro, nos apresentando em teatros, clubes e ginásios.

Enquanto isso, Vinícius e Jorge trataram de recompor o trio com o ex-parceiro do Joint Stock Co., Cezar de Mercês. Dessa forma, puderam dar sequência aos ensaios. Mas custaram a reencontrar o caminho da estrada. O que só foi possível com a entrada em cena de um novo personagem cheio de ideias e muito ativo, frequentador, como nós, do Instituto Villa-Lobos. Seu nome: Carlos Alberto Sion.

Essa escola de música, localizada na Praia do Flamengo, servia como ponto de encontro dos roqueiros e músicos em geral, da região ou não. Os rapazes do Módulo 1000 e d'A Fenda, por exemplo, circulavam com frequência por suas salas e corredores. Lá se reuniam para pôr o assunto em dia, trocar informações e reclamar da falta de locais para a apresentação das bandas, da infraestrutura indigente, do pouco interesse das gravadoras e da escassez do público.

55

Cansado de ouvir essas queixas, Sion resolveu comprar a briga dos roqueiros, como contou a um dos autores (RODRIGUES, 2014, p. 271):

Percebi que aquele negócio de bailes já estava ficando meio fora de moda. O que a maioria das bandas queria era mostrar um trabalho autoral, para um público interessado e a fim de curtir um som. Isso, evidentemente, ia na contramão dos bailes. Resolvi então investir na ideia de concerto de rock. Vender esse conceito. Foi isso que fiz.

Sua primeira experiência nessa área foram os shows que organizou ali mesmo, no Instituto Villa-Lobos, nos dias 2 e 9 de maio de 1971. Nessas datas, Carlos Alberto Sion reuniu no auditório da escola as bandas A Bolha, A Fenda, Módulo 1000, Sociedade Anônima, Estômago Azul, Liverpool e obviamente O Terço.

Foi uma das raras apresentações d'O Terço sem minha participação. No período da minha ausência, o trio alinhava com Jorge Amiden na guitarra, Vinícius Cantuária na bateria e Cezar de Mercês no baixo.

Depois de participar das gravações do segundo álbum do Ivan Lins, *Deixa o Trem Seguir*, onde toquei baixo em quase todas as faixas, voltei a integrar O Terço. E nossa primeira apresentação como quarteto foi na Mostra do Som Pop, no Museu de Arte Moderna (MAM), em 1 de junho de 1971. Mais um espaço que se abria para o rock graças a obstinação de Carlos Alberto Sion. Na verdade, em pouco tempo, Sion seria reconhecido com um dos mais importantes realizadores de eventos ligados ao rock, pelo menos no Rio, e um respeitado produtor de discos.

A Tritarra e o Baicello

Tanto em *Tributo ao Sorriso* como em *Adormeceu* atingimos uma sonoridade que nos agradou demasiadamente. Há nelas um ar ligeiramente sinfônico que nos fez pensar em como ampliar nossa capacidade sonora sem precisarmos de uma orquestra por trás. Sobretudo, nos shows.

Jorge já vinha dando asas à sua imaginação às voltas com a ideia de uma guitarra de três braços: um de seis cordas, como uma guitarra básica; um central, de 12 cordas (Jorge adorava o estilo do guitarrista Roger McGuinn, dos Byrds, com sua clássica Rickenbacker de 12 cordas); e o outro com quatro cordas afinadas como o violino, para que pudesse tocar com arco. Por outro lado, eu imaginei uma espécie de violoncelo eletrificado, com duas cordas de contrabaixo e duas de violoncelo, acrescido de um dispositivo chamado varitone que oferecia uma gama enorme de timbres. A fábrica paulista Snake fabricou nossos instrumentos.

Enquanto isso, fomos contratados, junto com A Bolha e o Módulo 1000, para tocar na reinauguração da Concha Acústica de Bra-

Cezar de Mercês, Sergio Hinds (com o baicello), Jorge Amiden (com a tritarra) e Vinícius Cantuária. Foto cedida por Mário Amiden.

57

sília. Foi uma longa viagem de ônibus. Na verdade, "foi uma viagem em vários sentidos", contou o saudoso guitarrista do Módulo 1000, Daniel, com um enorme sorriso no rosto, a um dos autores. E também riu ao lembrar da cara do pobre motorista ao ver aquele bando de doidões entrando no ônibus. Daniel revelou que além dos cabeludos o ônibus transportou muita bebida e uma quantidade industrial de ácido e maconha. Os mais chegados a uma "viagem", invariavelmente integrantes do Módulo 1000 (Daniel, Candinho, Eduardo e Luiz Paulo) e d'A Bolha (Renato Ladeira, Arnaldo Brandão, Pedrinho e Gustavo Schroeter) ocupavam os assentos mais ao fundo. A loucura prosseguiu no hotel, dominado pelo cheiro intenso de maconha e de gente pelada transitando pelos corredores, num entra e sai frenético dos apartamentos (RODRIGUES, 2014).

Quanto aos shows, em que pese o enorme atraso que deixou o público agitado, todos correram muito bem naquela linda noite de 25 de junho de 1971. No entanto, o vento forte fazia o som variar. Ora chegava a uma parte da plateia com mais volume, ora com menos, dependendo de sua intensidade e direção. Até então eu não tinha percebido que o vento tinha esse poder de interferir na sua trajetória.

Já em Juiz de Fora, para onde seguimos em agosto, o clima era bem mais tranquilo. Fomos participar da quarta edição do festival de música da cidade, no qual concorremos com *Mero Ouvinte*, música de Jorge Amiden e Cezar de Mercês. Mais uma vez, saímos de lá premiados, pois nossa canção foi eleita pelos jurados como a de "Melhor Arranjo" entre todas as participantes do concorrido evento.

Casa no Campo, de Zé Rodrix e Tavito, defendida por Rodrix e pelo grupo Faia foi a grande vencedora. Nessa época, Sérgio Magrão era técnico de som d'O Terço. É ele quem conta: "Quando dei baixa do exército fui operar a mesa de som deles. O Terço usava seis Tremendões (amplificadores) para as vozes e muito reverb. Em Juiz de Fora, o Zé Rodrix estava à procura de um baixista e o Hinds me indicou. Passei horas ensaiando (a canção) no banheiro" (ROCK, A HISTÓRIA E A GLÓRIA, No. 11, 1975).

"Faia" no Festival de Juiz de Fora. Cláudio Araújo, Lizzie Bravo (então esposa de Zé Rodrix) e Sérgio Magrão.
Foto do acervo de Lizzie Bravo.

O Faia, grupo liderado pelo guitarrista Cláudio Araújo, dispensara seu baixista original antes de seguir para Juiz de Fora com Zé Rodrix. "Ele não estava numa fase muito boa", diz Cláudio. "Por isso, incorporamos o Magrão à nossa banda". Coincidentemente, o Faia tinha como baterista outro futuro integrante d'O Terço – Luiz Roberto, como ainda era conhecido o Moreno.

De volta ao Rio, Zé Rodrix e o Faia gravaram *Casa no Campo* no estúdio da Odeon. "Gravamos em quatro canais", lembra Magrão. "E com uma orquestra cheio de feras, regida pelo Zé Rodrix. Ficavam olhando pra nós, cabeludos, meio desconfiados, e diziam pra mim: *afina o baixo aí, cabeludo!*"

No embalo do sucesso da música, a Odeon apressou o lançamento de um compacto simples com *Casa no Campo* no lado A e *Velho Cigano* (de Zé Rodrix e Luiz Carlos Sá), no lado B. O disco saiu em nome de José Rodrix, mas sem crédito algum para a participação do Faia.

59

Zé Rodrix tinha surgido no cenário musical como músico do Som Imaginário, banda criada inicialmente para atuar na retaguarda do cantor Milton Nascimento. Mas a banda formada por ele (órgão e vocal), Wagner Tiso (piano), Frederiko (guitarra-solo e vocal), Robertinho Silva (bateria), Tavito (guitarra-base e vocal) e Luiz Alves (baixo) ganhou vida própria em 1970, quando gravou seu primeiro disco, o autointitulado *Som Imaginário*. Contudo o viés psicodélico do Som Imaginário não era exatamente o tipo de som que interessava ao Zé Rodrix. Música que ele classificou de "agressiva e pesada", como declarou ao jornal Correio da Manhã (21 de maio de 1971), ao justificar sua saída do Som Imaginário.

Zé Rodrix, o grupo Faia e O Terço se cruzariam novamente no VI Festival Internacional da Canção Popular que ocorreria em setembro de 1971. Zé Rodrix concorreria com *Casa no Campo,* cuja vitória no IV Festival de Juiz de Fora garantira a ela uma vaga no festival do Rio de Janeiro. Já O Terço participaria do festival com a canção *O Visitante,* de Jorge Amiden e Cezar de Mercês, e que fora previamente selecionada pela Comissão do Festival.

Naquele mês de setembro, aliás, também tivemos um importante compromisso pouco antes do início do festival: um espetáculo com o citarista indiano Ravi Shankar, famoso por sua conexão com o Beatle George Harrison.

No Rio, a programação inicial do respeitado músico incluía apenas dois concertos no Teatro Municipal. Seria para uma plateia seleta e com toda a erudição intrínseca da música do mestre Ravi Shankar. Mas o esperto Luiz Andrade, naquele instante talvez o maior empresário de bailes do Rio, convenceu o músico indiano a realizar uma apresentação popular, dirigida ao público mais jovem, e que ocorreria no Clube Monte Líbano, na Lagoa. Reduto principal de seus eventos.

Luiz Andrade batizou o espetáculo de "Reencontro de Ravi Shankar com a Juventude", e contratou o trio Paulo, Cláudio & Maurício, O Terço, a cantora Gal Costa e seus maiores protégées, A Bolha, como atrações coadjuvantes da apresentação do famoso citarista.

Arnaldo Brandão, então baixista d'A Bolha, lembra que o clube estava superlotado. Segundo ele, tiveram que abrir mais um salão ao lado para acomodar todo o público. E para acomodar os músicos de Ravi Shankar, "adicionaram mais uma parte na frente do palco", como conta outro ex-integrante d'A Bolha, o baterista Gustavo Schroeter.

Nós, d'O Terço, subimos ao palco depois da apresentação da cantora Gal Costa, em cuja banda se destacava o grande guitarrista dos tropicalistas Lanny Gordin. Fizemos um ótimo show, explorando muito bem nossas harmonizações vocais, um dos pontos altos da banda. Saimos sob aplausos. Depois, claro, assistimos a apresentação mais solene do Ravi Shankar. Aplaudidíssimo ao final. Inclusive pelo percussionista Naná Vasconcellos e pelo cantor e compositor Jards Macalé, como conta Brandão.

Estivemos com ele na coxia, antes de nossas apresentações. Com meu parco inglês falamos de sua amizade com George Harrison e um pouco sobre sua participação no Festival de Woodstock. Lembro que quando mencionei o nome do Beatle George ele sorriu. E não disfarçou sua emoção ao falar de sua admiração por ele.

O outro grande destaque do mês foi nossa participação na sexta edição do Festival Internacional da Canção. Nossa primeira participação ocorreu no dia 24 de setembro, quando conseguimos classificar

O Visitante para a fase "Final", que aconteceu no dia 26. Nesta data, também passaram pelo palco do Maracanãzinho, disputando o principal prêmio conosco, nomes como Peri Ribeiro, Trio Ternura, Wanderléa, Sérgio Sampaio, Jorge Ben e Zé Rodrix e o grupo Faia. *O Visitante* ficou com a sétima colocação. O fato curioso é que a notória Dona Solange, funcionária do Departamento de Censura, de olho na letra de Cezinha, foi indagar a ele quem era o tal "visitante". Ao ser informada que o tal "visitante" era Jesus, se deu por satisfeita.

Nesses grandes festivais havia sempre uma enorme confraternização entre os artistas, fossem eles do samba, da MPB, do rock ou do sambalanço, por exemplo. Foi durante este festival que Zé Rodrix se aproximou dos compositores Luiz Carlos Sá e Gutemberg Guarabyra, com os quais formaria em seguida o trio Sá, Rodrix & Guarabyra. Trio de nítidas influências caipiras e interioranas que acabaria criando um viés do pop/rock brasileiro logo conhecido como "rock rural".

Foi também durante o FIC que esbarramos inesperadamente com o pessoal do Santana. Aconteceu no palco do Maracanãzinho. Naquela época, a banda liderada pelo guitarrista Carlos Santana se tornou conhecida internacionalmente depois de se apresentar no Festival de Woodstock, em 1969. Em 1971, já gozava de enorme prestígio no cenário internacional do rock. Seu álbum mais recente, *Santana,* subia como foguete nas paradas de sucesso. Para um público carente de atrações internacionais desse nível, como os jovens brasileiros, a presença de Santana no Brasil era mesmo para ser celebrada. E sem dúvida, era a grande atração daquela edição do festival. Não como artista concorrente, obviamente. A banda, com seu inconfundível som latino, calcado nos instrumentos de percussão e na guitarra do seu principal mentor, Carlos Santana, faria uma apresentação especial para a plateia que costumava lotar as dependências do Maracanãzinho em dias de festival.

Naquela tarde, nos chamaram para passar o som com muito atraso. Nos posicionamos, ligamos os instrumentos e, de repente, entra o pessoal do Santana no palco. Estava na hora da passagem de som deles. O menino prodígio Michael Shrieve, ou El Coyote, foi logo sentando na bateria. Mas logo tanto ele, como Santana e o restante do pessoal foram informados que ainda nem havíamos começado. Antes de se retirarem do palco, vieram ver nossos estranhos instrumentos: a tritarra e o baicello. "Crazy guitar, crazy cello", disse Carlos Santana. Em poucos minutos, já estávamos todos tirando um som, misturando nossos instrumentos.

Enfim, mais tarde, depois do show deles e do encerramento daquela fase do festival, fomos ao camarim do Santana, onde fomos muito bem recebidos. Além das fotos de praxe, Jorge acabou trocando com o Santana um Fuzz, da Sound, por um Vibration (aparelhinho alimentado por uma bateria de 9 volts que faz vibrar uma corda por tempo indeterminado). Também troquei algo, embora já não lembre mais o que foi.

Vale registrar que em sua passagem pelo Rio, Santana fez duas apresentações concorridíssimas no Teatro Municipal, no centro da cidade.

****

Em nossas últimas aparições, incluindo esta do VI FIC, nos apresentamos com os novos instrumentos. E foram eles que mais atraíram a atenção da imprensa.

"Quatro cantores e seus instrumentos muito loucos", dizia O Globo em sua edição de 10 de agosto de 1971. E advertia: "Um dos integrantes do conjunto estará tocando uma guitarra de três braços, de onde, dependendo da hora, sairá um improviso *pop*, um som de violino ou os arpejos de uma canção folclórica. A seu lado, o parceiro tocará o primeiro violoncelo elétrico do mundo, capaz de produzir sons surpreendentes."

No Jornal do Brasil (13-09-1971), em matéria intitulada "O Terço, uma orquestra a oito mãos", a jornalista Margarida Autran escreveu: "O primeiro movimento de espanto da plateia surge quando os quatro rapazes entram no palco trazendo instrumentos estranhíssimos: uma guitarra de três braços, um violoncelo elétrico, além de um baixo e uma bateria. Eles começam a tocar, e os sons que tiram dos seus instrumentos bizarros são os de uma orquestra completa."

A hipérbole da jornalista ajudava a explicar o impacto causado pela tritarra e pelo baicello, de fato instrumentos inusitados na época.

FOTO REALIDADE AUMENTADA

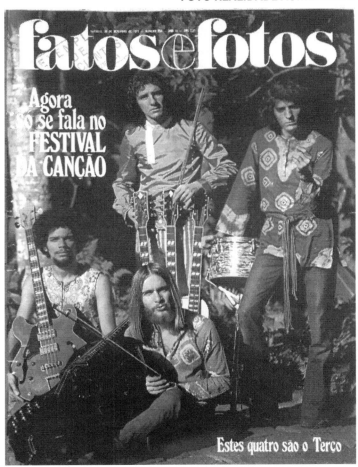

Revista Fatos & Fotos, 1971.

Tanto que a revista Fatos & Fotos (21-09-1971) estampou em sua capa uma foto da banda com seus respectivos instrumentos.

A tritarra e o baicello também aparecem na capa e nos sulcos do compacto duplo que a gravadora mandou para as lojas em dezembro. Bom, se na capa do LP aparecemos sobre caibros, na capa do compacto eu e Vinícius acabamos escalando os andaimes cenográficos de um teatro. Quer dizer, nada que se compare aos caibros da velha casa. Na foto, eu, Jorge e Cezinha aparecemos com nossos respectivos instrumentos. Já no disco, o baicello e a tritarra são ouvidos em todas as faixas, com exceção de "Adormeceu", gravada anteriormente com nossas guitarras, baixo e bateria habitual. "O Visitante", "Doze Avisos", "Mero Ouvinte" e "Trecho da Ária Extraída da Suíte em Ré Maior", de Bach, completam o compacto.

O uso do violoncelo elétrico em gravações não se restringiu ao compacto duplo d'O Terço. Ele também pode ser ouvido no disco "De Tanto Amor", da cantora Claudette Soares, logo na primeira faixa do LP, "Ave Maria" (de Paulinho Tapajós e Roberto Menescal), na qual também se destaca o vocal d'O Terço.

Jorge Amiden e O Terço se Separam

Apesar de nosso progresso como banda, internamente nem tudo ia bem. Perdemos a sintonia com Jorge. Nós queríamos diversificar um pouco o nosso som, o nosso estilo. Injetar um pouco mais de volume e peso na sonoridade da banda, mas Jorge se mantinha arredio às novas ideias que brotavam nos nossos ensaios, sobretudo quando Jorge já não estava mais presente. Era Cezar, eu e Vinícius de um lado, criando um som mais robusto, a base de baixo, guitarra e bateria, e Jorge do outro. Um ambiente não muito agradável, evidentemente. Jorge era um grande compositor e um músico sensível, mas éramos quatro e queríamos ampliar e desenvolver um pouco mais nossas experimentações estéticas e estilísticas.

Enfim, um belo dia, durante o ensaio, tivemos uma discussão muito séria com Jorge que acabou resultando em sua saída da banda.

É muito triste quando amigos e parceiros musicais de tantos anos chegam a esse ponto. Mas quando somos jovens, com os nervos à flor da pele, tudo toma uma proporção maior do que realmente é e aí tomamos certas atitudes das quais nos arrependemos no futuro.

O que ninguém sabia, nem mesmo Jorge Amiden, é que aquelas apresentações d'O Terço durante o VI FIC, nos dias 24 e 26 de setembro, seriam as últimas dele conosco.

Karma: Jorge Amiden, Allen Terra e Mendes Júnior.
Foto cedida por Mário Amiden.

Hard rock, Marcos Valle, Dia da Criação, Feira Livre do Som

Enquanto Jorge Amiden foi refazer sua vida com o Karma, trio que ele formaria com Mendes Júnior e Allen Terra, Eu, Cezinha e Vinícius demos vazão às novas ideias que jorravam de nossas cabeças. Investimos mais no volume sonoro, trazendo a guitarra para o primeiro plano e realçando a contundência do baixo e da bateria. Consequentemente, a leveza das melodias da época de Jorge perdeu espaço para o som pesado do trio restante. O que também ajudou a empurrar para segundo plano uma das características marcantes de nossa fase inicial: as harmonizações vocais.

O resultado dessa guinada sonora só foi aparecer em disco no segundo semestre de 1972, coincidentemente, logo após o lançamento do LP do Karma. Editado pela Philips, o compacto simples impregnado do *hard rock* que o trio vinha burilando desde o início do ano acomodou "Ilusão de Ótica" (de Vinícius e Cezar de Mercês) no lado A e "Tempo É Vento" (de Mercês, Hinds e Vinícius) no lado B.

O jornalista Ezequiel Neves, na época escrevendo para a edição brasileira da revista Rolling Stone, não se entusiasmou muito com o nosso disco. Ele disse: "Muito som, guitarras e bateria explodindo, um silêncio enorme no ar depois que a agulha sai do disquinho". No entanto, logo em seguida disse que quando nos viu ao vivo o nosso som "estraçalhou" a cuca dele com "um som diabólico". Coisas do Ezequiel Neves.

Desde abril, contudo, vínhamos ensaiando com o grande compositor Marcos Valle, autor de um dos maiores clássicos da bossa nova – *Samba de Verão*. Marcos queria experimentar, arejar seu trabalho com novos músicos, se aproximar do rock, deixar que o som das gui-

67

tarras contaminasse suas novas composições. Além de nos convidar para embarcar nesse trabalho com ele, Marcos também chamou o guitarrista Fredera e o baterista Robertinho Silva, ambos do Som Imaginário, além do trio Paulo, Cláudio & Maurício, todos músicos que ele admirava. O resultado dessa combinação sonora foi o disco *Vento Sul*, gravado em meados de 1972 e lançado logo em seguida.

Na contracapa do disco, Marcos escreveu:

Estou no meio do disco, cinco músicas já foram gravadas. Tenho certeza que vai ser um dos melhores que já fiz. Tão bom ou melhor que o "Samba Demais" (seu disco de estreia) ou o "Viola Enluarada".

As músicas desse disco eu fiz com muita calma, muito cuidado e sinceramente acho que há muito tempo não fazia coisas que agradassem tanto. (...) Nada de pressa, nada de preocupações com o "comercial".

Paulo Sérgio (Valle) *deu a ideia de formar um grupo. Formamos.*

Sérgio, Vinícius, Cezar, Frederico, Paulo e Cláudio (gêmeos), Robertinho e Maurício Maestro. Músicos e pessoas da maior qualidade.

Ao jornal Correio da Manhã (22-07-1972), Marcos revelou que com esse disco estava se afastando do trabalho comercial, de encomenda para novelas, e que *Vento Sul* servia para "demonstrar a imagem do que eu estou sendo agora".

Nossa parceria, contudo, não se encerrou aí, no disco. Marcos resolveu colocar esse time na estrada e fez *Vento Sul* virar *4 Cantos*, espetáculo dirigido por Carlos Alberto Sion, que estreou no Teatro Opinião, no Rio, em 2 de agosto de 1972. Foram 10 dias de shows no Opinião, antes de percorrer salas e teatros de outras grandes cidades do país.

O espetáculo abria com o trio Paulo, Cláudio & Maurício mostrando duas músicas do compacto duplo que eles estavam lançando

pela Odeon: *Acordar e Acender* e *Morais Acadêmicas*. Nós entrávamos em seguida, e evidentemente também aproveitamos a ocasião para apresentar ao vivo as duas músicas do nosso recém-lançado compacto simples: *Ilusão de Ótica* e *Tempo é Vento*. Frederico entrava em seguida e também tocava duas músicas (*Paisagem de Mariana* e *Ascenso*), antes da estrela principal do espetáculo surgir no palco, se acomodar ao piano e desfiar todo o repertório de *Vento Sul* junto conosco e com o baterista Gustavo Schroeter, já que outros compromissos impediram Robertinho Silva de seguir trabalhando nesse projeto.

Finda a temporada de *4 Cantos*, depois de rodarmos pelos "quatro cantos" do país com Marcos Valle, um grande evento em Caxias, município vizinho do Rio, entrou na rota d'O Terço. Tratava-se do "Dia da Criação", ou "uma explosão de som ao ar livre", como explicava o folheto de divulgação do espetáculo, que reuniria no Estádio Municipal de Duque de Caxias a nata do underground carioca: Faia, Sá, Rodrix & Guarabyra, Milton Nascimento e Som Imaginário, Lena Rios, Os Brazões, Serguei, O Grão, Diana & Stul, Rock Ebó, Liverpool Sound, Módulo 1000, Sociedade Anônima e O Terço, entre outros.

De fato, uma verdadeira celebração ao rock brasileiro, idealizado e produzido pelo empresário do Módulo 1000, Marinaldo Guimarães, com ajuda do Grupo de Trabalhos Avulsos (GTA, compostos por estudantes universitários) e dos empresários Cláudio Garcês e Leonis.

A festa aconteceu no dia 14 de outubro. Mas apesar do invejável elenco, da boa estrutura do palco, da excelente iluminação, da aparelhagem de som e de todas as facilidades colocadas à disposição do público (posto médico, barracas em torno do gramado que vendiam alimentos, cartazes de estrelas internacionais do rock e ainda incenso), apenas três mil pessoas pagaram ingresso para assistir a uma maratona de mais de 12 horas de shows.

O guitarrista Cláudio Araújo, do Faia, contou a um dos autores que "a coisa toda impressionava". E mais: "Como cada banda levou seu próprio equipamento, o palco parecia um verdadeiro labirinto de amplificadores, todos ligados em série. Mas o que mais chamava a atenção eram as duas enormes paredes de caixas de som, uma em cada lado do palco. O engraçado é que ninguém queria estar entre os primeiros a se apresentar. Até que O Terço resolveu encarar. Quando o trio surgiu no palco, o povo todo se levantou e foi ao delírio. Uma loucura!", (RODRIGUES, 2009).

Nessa época, o Faia alinhava com Cláudio Araújo, na guitarra, Victor Larica de volta à banda, no baixo, Joca, na bateria, e Ricardo Medeiros, na guitarra. Magrão e Luiz Roberto já integravam a banda de apoio do trio Sá, Rodrix & Guarabyra. Magrão conta: "Um dia aparece o Zé Rodrix num ensaio do Faia e nos convida, a mim e ao Luiz Roberto, para acompanhá-los numa viagem a São Paulo onde o trio faria uma aparição num programa de TV. Como o Faia estava meio à deriva, acabamos nos incorporando ao trio", conta Magrão.

****

O fato é que depois de Woodstock, todo mundo queria fazer o seu festival de rock. No Brasil, o Festival de Verão de Guarapari, em 1971, foi a primeira tentativa de reproduzir o que ocorreu nos Estados Unidos. A Bolha, Soma, Tony Tornado e Novos Baianos foram alguns dos artistas que se apresentaram naquela cidade do litoral capixaba. O "Dia da Criação", em muito menor escala, mas melhor produzido e organizado, foi o segundo. Depois dele, veio a Feira Livre de Som, na cidade mineira de Uberlândia. O Terço foi uma das atrações.

Bem que os produtores fizeram de tudo para organizar um grande evento. Da divulgação a seleção dos artistas. A promoção envolveu chamadas nas rádios, anúncios em jornais e revistas, lambe-lambes e panfletos, e não se restringiu aos limites do município, se estendendo a toda a região vizinha de Uberlândia. Quanto aos artistas, a atraente lista incluía Sá, Rodrix e Guarabyra, Milton Nascimento, Antônio Carlos & Jocafi, Jorge Ben (como ainda era conhecido), Serguei e Ficção 2000, Tim Maia, Os Mutantes e nós, d'O Terço, com direito a passagem de avião e hotel de primeira. Até desfile dos artistas em carro do Corpo de Bombeiros teve!

Segundo matéria publicada na edição brasileira da Rolling Stone (22-12-1972), assinada por Dropé, para equilibrar as despesas, seria necessário um público pagante de no mínimo 10.000 pessoas. No entanto, à noite, só haviam 3.000 no Palácio dos Esportes. Como resultado, Milton Nascimento, Antônio Carlos e Jocafi e Jorge Ben se recusaram a tocar.

O Terço abriu a noite com "um som calmo e cheio de vibrações", como anotou Dropé. Fomos seguidos pelos Mutantes, por Serguei, por Sá, Rodrix e Guarabyra e, finalmente, por Tim Maia, que, por incrível que pareça, tocou de graça e arrebentou.

Apesar de toda a nossa correria, pulando de cidade em cidade, ainda conseguimos uns dias livres para gravar uma marcha de carnaval dos irmãos Marcos e Paulo Sérgio Valle, em parceria com C. Motta, chamada *Muito Louco*, para o disco *O Carnaval Chegou!* que a Philips colocou nas lojas antes do final do ano, a fim de tirar proveito de todo o período pré-carnavalesco de 1973.

MIDEM, Pink Floyd, Londres

Nada mal começar um novo ano com a notícia de que tocaríamos na França. Atuaríamos como banda de apoio de Marcos Valle durante a grande feira internacional da indústria fonográfica, o MIDEM (Marché Internationale Du Disque et de l'Edition Musicale), evento anual sediado na cidade de Cannes, na Côte D'Azur.

Conosco, integrando a delegação brasileira, estava a cantora Maria Bethânia e o compositor Paulo Sérgio Valle, que aproveitou a oportunidade para acompanhar o irmão nessa ida à Europa. Embora fosse nossa (d'O Terço) primeira experiência internacional, o MIDEM já vinha recebendo artistas brasileiros desde 1967. Portanto, nomes como os de Elis Regina, Simonal, Edu Lobo, Chico Buarque, Jair Rodrigues e Os Mutantes já haviam se apresentado no Palais des Festivals.

Ficamos hospedados no Hotel Gray D'Albion, na orla. Mais precisamente, a 150 metros da Plage de la Croisette. Uma francezinha linda nos ciceroneou durante toda nossa estada. Obviamente, ficamos todos de olho nela, mas não rolou. Lembro que a rua detrás do Hotel era o point das putas chiques de Cannes. Era realmente interessante e diferente de tudo que já havia visto. Elas se vestiam super bem, ficavam encostadas nos seus carros tops, tipo, Porsche, Mercedes, BMW... Fiquei curioso pra saber quanto elas cobravam por um programa, mas não me aventurei a perguntar.

Além de passearmos muito pela região (cheguei a ir até Nice, 33km dali) vimos alguns shows na noite dedicada ao rock. E um deles foi justamente de The Byrds, "nossa grande referência e que nos marcou para sempre", como contou Vinícius a um dos autores (RODRIGUES, 2014, p. 280). Johnny Winter e Edgar Winter também se apresentaram nesta noite, mas nos surpreendemos com a banda inglesa Stray, da qual nunca tínhamos ouvido falar. Basicamente, uma banda de hard rock. Como estávamos nessa *vibe*, curtimos muito o show do Stray. Além de tocar temas dos seus três primeiros discos, a banda também aproveitou para mostrar alguns números do seu próximo LP, intitulado *Mudanzas,* e que só seria lançado em maio de 1973.

No dia seguinte, fomos passar o som no Palais des Festivals. Um prédio suntuoso, onde se concentravam todas as negociações entre editoras musicais e gravadoras de todo o mundo. No teatro propriamente dito, usamos os famosos amplificadores Orange. Do PA (Public Adress System, ou equipamento que sonoriza o ambiente para o público), soava um som maravilhoso, cristalino. De fato, um equipamento quase tão poderoso naquela época quanto os que usamos hoje em dia. Impressionante!

73

À noite, aquecemos as vozes, os instrumentos e fomos para perto do palco. Antes de nós, se apresentaria uma banda de música funk, cujo nome não lembro. Pareciam tensos e falavam muito. O baterista deles não estava passando bem. Teriam que encontrar outro. Põem-se então à procura de um baterista. Por perto, o único disponível é Vinícius. E é ele mesmo que é chamado para cobrir a ausência do baterista deles. Agora, imagina a situação: uma banda de funk, com muitos músicos, incluindo um naipe de metais, cantores, coro e músicas cheias de convenções. Complicado, não é? Pois bem, Vinícius subiu ao palco com eles e se virou como pôde. Quando aconteciam as convenções ele continuava tocando reto e dava tudo certo.

Depois, foi a nossa vez. Apesar do friozinho na barriga, entramos confiantes. Afinal, estávamos bem entrosados com o Marcos. Quando encerramos nossa apresentação, fomos muito aplaudidos. Por

FOTO REALIDADE AUMENTADA

Extraído do programa original do show.

conta disso, nos convidaram para fazer um show no dia seguinte na Boite Playboy. Uma graninha extra muito bem-vinda.

Depois do dever cumprido com louvor, fomos eu e Vinícius passear em Paris. Cezar teve que voltar para o Rio. No trajeto do Aeroporto de Orly até a região central de Paris, onde ficava nosso hotel, vimos vários cartazes anunciando o show do Pink Floyd no Palais des Sports de la Porte de Versailles. Ficamos doidos com aquilo. Largamos nossas malas no hotel e partimos para o Palais des Sports. Logo que chegamos, uma ducha de água fria: não havia mais ingressos. Ficamos desesperados. Eis que surge um cambista quando o show estava a ponto de começar. Compramos os ingressos, corremos até os nosso lugares... *et voilá, le Pink Floyd en front de nous!*.

Tratava-se de um espetáculo especial da banda inglesa, cuja estreia fora em Marselha, em novembro de 1972, e que se repetia em Paris naquele mês de janeiro e início de fevereiro de 1973. Reunia o balé de Rolan Petit e a música do Pink Floyd. O espetáculo se dividia em quatro movimentos. O primeiro, *One of These Days,* servia como abertura e era seguido por *Obscured by Clouds,* no qual se destacavam os bailarinos Rudy Bryans e Daniele Jossi. Depois, uma parte dramática, explosiva, ao som de *Careful With That Axe,* antecedia o último movimento, *Echoes,* que trazia como destaque uma sequência de dança espetacular.

Além disso, o show tinha som quadrafônico, tecnologia que desconhecíamos até então. O PA constava de quatro torres, cada uma delas posicionada num canto do ginásio. Dessa forma, o técnico de som conseguia fazer os solos com delay do David Gilmour girarem pelo ginásio. Ao mesmo tempo, no palco, os bailarinos dançavam na frente e abaixo do nível da banda. Tudo aquilo nos impressionava. Saímos deslumbrados. Posso afirmar que até hoje poucas vezes tive a oportunidade de assistir a um concerto tão icônico, tão espetacular, como esse do Pink Floyd. Inesquecível. Lindo. Ou melhor, monumentalmente lindo.

75

Nosso périplo europeu se estendeu para Londres. Comprar instrumentos era nossa prioridade. De imediato, nos dirigimos para o Hostess que nos haviam indicado, mas não tinha vagas. Assim que saímos de lá, começou a nevar. Viramos crianças ali mesmo, atirando neve um no outro sob um frio absurdo. Sorte nossa, porque não nevava em Londres há três anos. Mas já era noite e precisávamos de um lugar para dormir e nos aquecer. Pegamos um daqueles típicos táxis londrinos e fomos para nossa segunda opção, um hotel pequeno e confortável que nos acolheu muito bem.

No dia seguinte, já acordamos pensando nas lojas de instrumentos. Logo estávamos no metrô rumando para Piccadilly Circus. Durante o trajeto, que envolveu algumas trocas de linhas, nossa atenção se voltou inteiramente para aquele que era um dos transportes subterrâneos mais antigos do mundo: o metrô de Londres. Seus corredores eram estreitos, suas paredes ladrilhadas com decorações de épocas passadas, os vagões muito bem cuidados, com bancos estofados, forrados com tecido aveludado e em tom escuro. Os passageiros em silêncio, muitos lendo livros, jornais ou revistas.

Enfim, em Piccadilly Circus, entramos e saímos de várias lojas. A maioria delas vendia guitarras de segunda mão, muitas usadas por guitarristas famosos. Experimentei umas trinta antes de me encantar por uma delas: uma Gibson SG vinho que, apesar de usada, custava mais caro do que um modelo novo, com garantia.

Ainda compramos uma mesa de som Sound City, um amplificador de baixo da mesma marca e com duas caixas, para o Cezinha, além de um Marshall semelhante ao que Jimi Hendrix usava, também com duas caixas. Parte do equipamento veio de navio e levou uma eternidade para chegar às nossas mãos.

Embora nosso principal objetivo nessa ida à Londres tenha sido a compra do equipamento, não iríamos de jeito algum perder a oportunidade de assistir alguns dos shows que estavam acontecendo naquele momento. Sobretudo porque dificilmente veríamos algumas daquelas bandas no Brasil. No Imperial College, vimos o Fairport Convention, conhecida por seu viés folk, e no Sunday Joint, a J. Geils Band, que nos surpreendeu com as projeções no fundo do palco. Ao final do show, o cantor Peter Wolf, ao deixar cair a cortina que escondia parte da parafernália de iluminação, pede aplausos para os iluminadores ainda pendurados nos andaimes que sustentavam spots dos mais diversos tipos usados no show.

Em resumo, nossa viagem foi um tremendo aprendizado. Atualizamos e melhoramos nosso equipamento, ampliamos nosso conhecimento a respeito da estrutura, produção e organização de shows e trouxemos novas ideias de iluminação e cenografia. Evidentemente, aplicamos algumas dessas ideias nos shows d'O Terço.

****

Enquanto isso, no Rio, Cezar de Mercês burilava uma composição que ocuparia um lado inteiro do nosso próximo LP. Tratava-se de um poema que seria declamado à medida que a peça musical se desenvolvia. A composição chamava-se *Amanhecer Total*, mas ainda carecia de melodia. Portanto, assim que chegamos da Europa nos pusemos a trabalhar no desenvolvimento melódico dessa longa peça idealizada por Cezinha.

Nesse meio tempo, negociamos nossa entrada na Continental, já que a Philips não demonstrou o menor interesse em continuar conosco. Em meio a constelação de artistas da MPB que faziam parte do cast da gravadora, só restou indiferença por parte dela em relação a nossa investida no *hard rock*. *Ilusão de Ótica* foi, portanto, o nosso último lançamento pela Philips.

Enquanto uma porta se fechava, outra se abria. E não se abria apenas para O Terço. Naquele momento, sem condições de concorrer com as *majors* Odeon, CBS e CBD/Philips, que tinham sob contrato as maiores estrelas da música brasileira, a Continental abriu suas portas para o rock brasileiro. Entre 1973 e 1975, por exemplo, a companhia colocou nas lojas nomes como A Bolha, Secos & Molhados, A Barca do Sol, Paulo Bagunça e A Tropa Maldita, Os Famks e Guilherme Lamounier, entre outros.

Evidentemente, colocamos todo o nosso renovado entusiasmo nas gravações do disco. No estúdio, com quatro canais disponíveis, gravamos baixo, guitarra e bateria em canais distintos a fim de capturar o melhor som possível dos instrumentos. Em seguida, reduzimos os três canais para dois, sobrando dois livres para novos registros. O piano e o sintetizador, por exemplo, ocuparam um deles. Ou seja, à medida que fazíamos novos *overdubs,* repetíamos a estratégia de redução de canais com a preocupação de deixar um deles livre para gravarmos, ao final, toda a parte vocal.

As gravações se encerraram em abril, quando novamente eu, minha mulher e Vinícius retornamos à Londres para aquisição de novos equipamentos. Dessa vez, comprei outra Gibson SG igual a anterior, exceto por uma pequena diferença de captadores. Também compramos acessórios e amplificadores para a banda. Foi também durante essa viagem que assistimos ao *power trio* West, Bruce & Laing, do guitarrista e vocalista Leslie West (ex-Mountain), do baixista e vocalista Jack Bruce (ex-Cream), e do baterista e vocalista Corky Laing (ex-Mountain).

Leslie West usava 4 amplificadores Marshall com duas caixas cada, semelhante ao que eu tinha comprado. O volume era ensurdecedor. Não usava nenhum tipo de pedal, o que não fazia a menor falta, pois o *sustain* era absurdo. Ele podia segurar uma nota por tempo ilimitado. Usava o botão do volume da própria guitarra como se fosse um pedal de volume. A banda me surpreendeu.

Amanhecer Total, Magrão e Moreno

A Continental editou nosso disco em junho de 1973, com o título de *Terço*, sem o usual artigo definido à frente e que caracterizava nosso nome. O LP saiu encartado em capa dupla, trazendo as letras e as informações técnicas pertinentes em sua parte interna. Mas, com erros, como um dos autores contou no livro "Histórias Secretas do Rock Brasileiro" (RODRIGUES, 2014). Um deles relacionado ao título da segunda parte de *Amanhecer Total*. O correto seria *Das Cidades Mortas* e não *Das Cidades Mortais*, como aparece no disco. Depois, em relação a sequência dos fragmentos musicais que compõem a longa peça. O correto seria *Cores – Respiração Vegetal – Despertar Pro Sonho – Sons Flutuantes – Primeiras Luzes No Final da Estrada – Cores Finais*. No disco, *Respiração Vegetal* aparece após *Sons Flutuantes*.

Amanhecer Total ocupa um lado inteiro do disco, o lado 2, e percorre seus dezenove minutos e quinze segundos oscilando climas e nuances, como acontece no rock progressivo. A veia mais pesada do trio se manifesta de forma eloquente no lado 1. De suas cinco faixas, quatro são carregadas de peso, embora em *Deus*, a faixa de abertura, também se note pitadas do rock progressivo. Já a delicada *Estrada Vazia* traz resquícios da primeira fase da banda.

Em *Terço*, vale anotar as participações especialíssimas de Paulo Moura, Mauro Senize e Zé Bodega, no sax, de Paulo Chacal e Chico Batera, na percussão, de Luiz Paulo Simas, ex-Módulo 1000, no sintetizador e órgão, do Analfabitles Maran Schagen, no piano e órgão, e de Patrícia Valle, com sua doce voz. O jornalista Ezequiel Neves também comparece como co-autor de duas faixas do disco. São elas: *Estrada Vazia* e *Rock do Elvis*, ambas assinadas com Vinicius. Mas além das ilustres participações, não podemos deixar de mencionar o nosso amigo Carlos Alberto Sion, a quem coube a produção artística do nosso LP.

79

O jornalista Júlio Hungria, sempre atento ao trabalho d'O Terço, ao qual se dirigia habitualmente com palavras elogiosas, escreveu o seguinte em sua coluna "Música Popular", no Jornal do Brasil (05-07-1973):

Deste novo LP do Terço não se pode dizer (...) que não apresenta novidades. Ainda mais quando comparado o som de hoje ao som dos seus velhos discos. Pois ainda que tenha também agora evidentes preocupações de ordem vocal, o grupo (...) é muito mais marcadamente instrumental e apresenta (...) um som muito mais pesado.

O fato é que nossa guinada sonora não agradou muito ao crítico do Jornal do Brasil, que encerra o texto dizendo o seguinte:

O LP (...) é ao menos um trabalho limpo, e o eventual acúmulo de erros de perspectiva não será uma pedra insuperável no caminho de um excelente grupo de músicos.

A primeira aparição pública da banda depois do lançamento do disco foi no programa *Band 13*, da TV Bandeirantes, no dia 17 de junho de 1973. E logo em seguida, no dia 22, no Museu de Arte Moderna do Rio, onde tocaríamos, de acordo com o diário Correio da Manhã (22-06-1973), uma "ópera-rock"! Claro, se referiam a *Amanhecer Total*, a longa suíte do lado 2 do disco.

Este show talvez tenha sido o último com a participação de Vinícius Cantuária. Nosso baterista tinha outros planos e decidiu deixar O Terço em busca de novas experiências musicais. "Eu já estava tentando ter um contato maior com o violão. Também estava compondo e querendo tocar com outros músicos. (...) Fui para o meu caminho e eles, para o deles. Acho que foi bom para todos nós", contou Vinícius a um dos autores (RODRIGUES, 2014).

Vinícius chegou a ensaiar com Maran, tecladista dos Analfabitles, com o guitarrista Mimi Lessa, do Liverpool e com o baterista Chiquinho Azevedo com a intenção de formar uma banda de rock com inclinações latinas. O projeto, contudo, não foi adiante.

Coincidentemente, naquele momento o trio Sá, Rodrix & Guarabyra também dava por finda a sua trajetória iniciada em fins de 1971 e que rendeu dois LPs: *Passado Presente Futuro* (de 1972) e *Terra* (de 1973). Sabendo do desmembramento do trio, nós imediatamente convidamos o Magrão e o Luís Roberto para tocar conosco, n'O Terço. Luís, já estava até se acertando com o Raul Seixas, quando o convidamos.

Quem noticiou a saída do Vinícius e a entrada do Magrão na banda foi o atento Júlio Hungria (Jornal do Brasil, 22-07-1973). O jornalista também escreveu na mesma nota, que estávamos à procura de um novo baterista, mas, felizmente, o Luís acabou escolhendo O Terço.

Luís Roberto Borges da Silva, o Moreno, como passamos a chamá-lo, começou a se interessar pela bateria depois de ouvir o disco "Hey, Let's Twist!", do Joey Dee & The Starliters. E não sossegou enquanto não comprou uma novinha. Vieram então as bandas, com as quais tocou em bailes e festinhas. E como já mencionamos acima, suas últimas escalas antes d'O Terço foram no Faia e no trio Sá, Rodrix e Guarabyra.

****

Estreamos nossa nova formação com Magrão no baixo, Moreno na bateria, Cezinha e eu nas guitarras num evento promovido pela Rede Globo, chamado "Rock, Soul Pop, que teve lugar no Campo do Cruzeiro, em Belo Horizonte. Foram mais de 10 horas de shows para

o público que abarrotou o local naquele domingo de 9 setembro de 1973. Passaram pelo palco, além de nós, Os Mutantes, Tim Maia, Diana & Stul, Secos & Molhados, Raul Seixas, um tal de Banquete 93 de Cogumelo (possivelmente uma atração local) e uma das precursoras do rock brasileiro, a cantora Celly Campello, que fez uma apresentação pra lá de especial, cercada pela nata roqueira presente na festa.

Depois, no Rio, mostramos nosso novo trabalho, ou "mini-ópera, como definiu O Globo (06-10-1973), no auditório do Colégio Zaccaria, em uma única apresentação no dia 6 de outubro. O show, claro, foi produzido pelo onipresente e incansável Carlos Alberto Sion.

No entanto, em que pese a inestimável ajuda do Sion, só retornamos aos palcos da cidade no dia 7 de dezembro, numa noite de sexta-feira de muita agitação no MAM, um espaço que Sion conquistou para o rock e que se tornou um dos principais centros de ebulição cultural do Rio. Sobretudo por concentrar uma série de eventos ligados às artes plásticas em geral, além de cursos, exposições, shows, mostras cinematográficas – incluindo até exibição de filmes científicos –, e performances inusitadas.

Em 1971, por exemplo, o MAM criara uma série de manifestações chamadas de "Os Domingos da Criação". Cada último domingo de mês, durante cinco meses, o MAM abrigou uma dessas manifestações, como o "Domingo do Papel" ou "Domingo por um Fio", nos quais as pessoas eram convocadas para brincar criativamente com o elemento do tema em questão. Um desses domingos foi o "Domingo do Som", com participação dos nossos conhecidos do Módulo 1000.

Foi também o MAM que acolheu o espetáculo em comemoração ao 25º Aniversário da Declaração Universal dos Direitos Humanos, o "Banquete dos Mendigos", festa organizada e dirigida pelo cantor Jards Macalé. Uma afronta que a ditadura acabou engolindo, mas que cercou o local de policiais e infiltrou agentes entre o público, deixando o ambiente ligeiramente tenso. O evento aconteceu no dia 10 de dezembro e contou com a participação de Paulinho da Viola, Pedro dos Santos, Jorge Mautner, Edu Lobo, MPB-4, Chico Buarque, Luiz Melodia, Milton Nascimento, Luiz Gonzaga Jr, Johnny Alf, Raul Seixas, Soma, Edson Machado, Dominguinhos, Gal Costa e Jards Macalé.

Naquele segundo fim de semana de dezembro, havia uma farta oferta de bons shows pela cidade. Três dias antes da celebração aos Direitos Humanos, por exemplo, o público roqueiro pôde escolher entre ver um dos shows da estreia de Rita Lee e sua nova banda (Tutti Frutti) no Rio, em temporada no Teatro Tereza Rachel, em Copacabana, ou assistir a Abertura da Temporada de Verão, no MAM, com

Os Mutantes, o Soma e O Terço. Entre outros espetáculos, o público também poderia se dirigir para o Teatro Opinião para se divertir com o "Maracatu Atômico" de Jorge Mautner ou ainda, para aqueles mais chegados ao samba, escolher entre assistir ao grupo vocal MPB-4 ou ao cantor Paulinho da Viola. Além disso, anunciavam para o dia seguinte, sábado, a estreia no Rio do "internacional" Light Reflections, criadores de *Tell Me Once Again* e *That Love*. Na verdade, uma banda de São Paulo, que vinha fazendo sucesso com gravações em inglês.

O verão prometia.

Contudo, o público que optou por assistir a Abertura da Temporada de Verão, no MAM, foi tão grande que teve que se espremer no amplo salão do belo museu localizado no Aterro do Flamengo. De fato, não cabia mais ninguém no recinto quando o Soma de Bruce Henry (baixo, violão e vocal), Jaime Shields (guitarra, violão e vocal), Alyrio Lima (bateria), Tomás Improta (teclado e percussão) e seu novo integrante Ritchie Court (vocal, flauta e violão) abriram a noite. Foram dois sets distintos: um acústico, a base de violões, explorando suas harmonizações vocais ao estilo Crosby, Stills & Nash, e outro totalmente elétrico, mesclando blues/jaz/rock em altíssima voltagem. Vale mencionar que o supracitado Ritchie é o mesmo do *hit Menina Veneno*, do início dos anos 80.

O Soma foi seguido pelos Mutantes, agora sem Rita, sem Arnaldo e sem Dinho, mas com Túlio Mourão nos teclados e Rui Motta na bateria, além dos velhos conhecidos do público, Sérgio Dias (vocal e guitarra) e Liminha (baixo). A banda despejou dezenas de watts de som do ainda inédito *O A e o Z* nos ouvidos da plateia. *Prog rock* total, mas recebido com certa frieza pela plateia.

Nós tocamos madrugada à dentro, fechando a noite. E abrimos o show com uma composição ainda inédita de Cezinha, *Hey Amigo*. Depois, enfileiramos o repertório do nosso último LP.

Esse certamente foi nosso último show no Rio antes de nos mudarmos para São Paulo.

PARTE 3
Vida nova em São Paulo

São Paulo

O convite partiu dos amigos Luiz Carlos Sá e Guarabyra. Eles já estavam morando em São Paulo, onde colocaram um pé no mercado publicitário. Trabalhavam com jingles na agência de publicidade do maestro Rogério Duprat, a Pauta. Um mercado crescente e atraente, que remunerava muito bem, tanto a quem idealizava e criava as peças publicitárias, quanto aos criadores dos jingles a elas acoplados.

Evidentemente, a possibilidade de ganhar muito mais dinheiro criando jingles do que fazendo shows e gravando discos acabou atraindo alguns músicos e compositores para o mercado publicitário, como os irmãos Marcos e Paulo Sérgio Valle, o músico e compositor Tavito, Zé Rodrix, e os já mencionados Sá e Guarabyra. Tavito chegou a deixar em segundo plano sua carreira artística.

Havia pouco tempo, O Terço gravara com Guarabyra um jingle para a Pepsi que se transformara num enorme sucesso. *Só Tem Amor Quem Tem Amor Pra Dar* chegou, inclusive, a ser lançado em single. Isso abriu nossos olhos e acabou por acelerar nossa decisão de mudar para São Paulo.

Inicialmente, ficamos todos na casa do Sá, "acampados" lá. Sá e Rogério Duprat moravam no Brooklin Novo, uma região com muitas casas, cujos aluguéis eram bem baratos na época. Logo, cada um de nós alugou sua própria casa.

Flávio Venturini

Passamos boa parte do primeiro semestre de 1974 enfurnados em um estúdio de gravação, o Vice-Versa. Gravamos jingles, como o da Sadia, que obteve boa repercussão em São Paulo, e, nas horas disponíveis do estúdio, aproveitávamos para ensaiar. Inclusive para o disco que gravaríamos como banda de apoio de Sá & Guarabyra. Mas por se tratar do primeiro LP da dupla depois do desmembramento do trio Sá, Rodrix & Guarabyra, os dois precisavam de um tecladista, já que essa função coubera, na época do trio, ao Zé Rodrix.

Estávamos no estúdio quando Flávio Venturini chegou com a malinha dele, bem mineirinho. Nem lembrávamos que havíamos defendido uma música dele e do Vermelho num daqueles festivais. Fora indicado por Milton Nascimento. Flávio se entrosou rapidamente conosco. E à medida que as gravações do discos do Sá & Guarabyra avançavam a sintonia nossa com Flávio tornava-se ainda mais fina. Ao final, não tivemos dúvida alguma de que daquele instante em diante O Terço seria um quinteto.

Mineiro de Belo Horizonte, Flávio começou cedo na estrada da música. Ainda menino, ganhou um acordeão. Daí para o piano e depois o órgão foi um pulo. Sua primeira banda, The Shines, marcou sua adolescência. Depois de uma parada para servir o exército, em 1968, voltou a integrar uma nova banda – Os Turbulentos. Uma das melhores bandas de baile de Belo Horizonte e que já atuava no cenário local havia alguns anos. Já atuantes em 1966, Os Turbulentos viraram notícia nas páginas de jornais e revistas, inclusive do Rio, ao participarem da primeira missa ao som do *iê iê iê* (como o rock era chamado então) ocorrida em Minas. A cerimônia, celebrada no dia dos namorados pelo padre Antônio Gonçalves, pároco da Igreja dos Santos Anjos, em Belo Horizonte, tinha como objetivo aproximar a juventude da igreja. Assim como aconteceu no Rio logo em seguida, quando os Brazilian Bitles participaram de uma celebração religiosa na Igreja Nossa Senhora da Paz, em Ipanema.

Mas no início dos anos 1970, a velha história de tocar covers já não fazia sentido. Flávio então se reuniu com Vermelho (baixo), Mário (guitarra) e Adinho (bateria) e criou a banda autoral Chrysalis. Foi por essa época que ele teve o primeiro contato com O Terço. Exatamente quando Jorge Amiden, Vinícius e eu defendemos *Espaço Branco*, canção dele e do Vermelho, num festival em Belo Horizonte, como já mencionamos anteriormente.

****

Contracapa do LP Nunca de Sá & Guarabyra com destaque para os integrantes d'O Terço.

Sua chegada, com seus teclados e suas composições, nos fez projetar um novo capítulo sonoro na história da banda. E com um estúdio maravilhoso à nossa disposição e tempo de sobra, trabalhamos sem pressa na criação e no desenvolvimento de um punhado de novas canções. Também burilamos algumas de safras mais recentes, como *Hey, Amigo!*, de Cezinha, que veio a se tornar um número obrigatório nos shows d'O Terço.

A vida corria bem em São Paulo. *Nunca,* o disco do Sá & Guarabyra com nossa participação, chegou às lojas. Chegamos até a fazer algumas apresentações juntos o que gerou comentários na imprensa

89

de que a dupla Sá & Guarabyra e O Terço se juntariam num grupo só, o que na verdade não passou de mera especulação.

Por essa época, nossa rotina girava em torno do estúdio. Inclusive para nos habituarmos a nossa nova formação. Basicamente, não fizemos show algum com essa formação. Diante das circunstâncias e do fato de estarmos numa cidade efervescente, Cezinha preferiu se desligar do grupo.

****

Uma das primeiras aparições d'O Terço sem Cezinha e com Flávio nos teclados aconteceu durante a "Temporada de Rock", produzida pelos empresários Carlos Alberto Sion e Samuca Wainer, no Teatro João Caetano, no Rio.

Foi uma produção caprichada, com equipamento de som fornecido pela empresa paulista Transasom e iluminação do artista plástico Décio Soares, responsável pela capa do LP *Tudo Foi Feito Pelo Sol*, dos Mutantes. Além disso, foram distribuídos antecipadamente cinco mil cartazes de divulgação dos espetáculos que aconteceram nas noites de 30 e 31 de agosto e que reuniram no palco do teatro as bandas O Terço, Os Mutantes e duas estreantes, Vímana e Veludo. A primeira, formada por Luiz Paulo Simas (teclado e sintetizadores), Lulu Santos (guitarra e vocal), Fernando Gama (baixo) e Candinho (bateria), e o Veludo, por Elias Mizhari (teclados e vocal), Gustavo Schroeter (bateria), Pedro Jaguaribe (baixo) e Paul de Castro (guitarra).

Além de se referir ao engarrafamento provocado pelo espetáculo no entorno da Praça Tiradentes, onde se localiza o teatro, o Hit Pop, jornalzinho encartado na revista Pop (outubro de 1974), escreveu:

"As grandes atrações dessas noitadas (...) fizeram um som muito louco até as 4h, levando a turma ao delírio."

Depois, num fim de semana cheio de atrações em São Paulo, com The Supremes se apresentando no Tuca, Wagner Tiso e o Som Imaginário no Teatro da Fundação Getúlio Vargas, além de shows do Made in Brazil e Wilson Simonal, só pra citar alguns, nós tocamos no Teatro do MASP, na avenida Paulista, em evento promovido pelo Departamento Municipal de Cultura. Foi no segundo domingo de outubro, dia 13. Essa apresentação nos rendeu uma espécie de troféu na forma de uma pedra plana de granito, nela gravado "Rock 74", e com uma placa a ela aderida onde se lê: O TERÇO NO MASP, EM 13/10/74.

Sobre o show em si, o jornalzinho Hit Pop (novembro de 1974), anotou:

São Paulo vibra com O Terço. Quando o grupo deu os primeiros acordes de "Hey Amigo!", o público que lotava o Teatro do MASP começou a dançar."

Além disso, informou que estávamos gravando um LP no estúdio Vice-Versa, o que de fato estava acontecendo.

Nos despedimos de 1974 com duas apresentações no Bruni 70, no Rio, nos dias 24 e 25 de dezembro, ambos começando à meia-noite. E para fechar a tampa, fomos eleitos pela revista Pop como "o melhor grupo ano", além de termos feito "o melhor show do ano", como também elegeu a revista.

Festivais de Rock

O Vice-Versa, por si só, já nos estimulava a gravar. Era um estúdio moderno, novo, de 16 canais. Além do mais, Flávio tinha uma sacola cheia de composições, inclusive com Cezinha que aparecia eventualmente. Ou seja, tínhamos material de sobra para um LP. Então, foi o que fizemos, aproveitamos as horas vagas do estúdio para gestar um novo disco. Do nosso jeito, sem açodamento. Até porque não tínhamos contrato assinado com gravadora alguma.

Quando colocamos os pés novamente na estrada, em 1975, e com o disco já quase concluído, estávamos cheios de gás. Nosso primeiro compromisso foi no Festival de Águas Claras, em Iacanga, interior do Estado de São Paulo. O festival foi acomodado na fazenda Santa Virgínia, com área disponível para camping e uma infraestrutura que incluía 50 sanitários, uma barraca de assistência médica, duas ambulâncias, várias barracas com alimentos, um palco de 18 por 9 metros e equipamento de som de 5000 watts de potência, como descreveu a revista Hit Pop (fevereiro de 1975). Os shows aconteceram nos dias 17, 18 e 19 de janeiro.

Uma horda de jovens invadiu a pacata cidade, distante 376 km de São Paulo, vinda de diferentes cidades, próximas ou não de Iacanga. Traziam nas costas mochilas e sacos de dormir e na alma, uma vontade imensa de aproveitar ao máximo aqueles dias de verão e muita música. Em seu primeiro disco pós-exílio, *Expresso 2222*, Gilberto Gil canta o seguinte verso: *O sonho acabou / quem não dormiu no sleeping-bag nem sequer sonhou...* Pois aqueles três dias, seriam dias de sonho para aquela turma. Isso sem esquecer dos velhos e anacrônicos hippies, que chegavam em busca de paz e amor num país que ainda torturava e mantinha seus cárceres cheios de presos políticos. Mas ali isso não fazia sentido. A percepção era outra, hedonista. O homem, a natureza, a liberdade, o amor e a música. O que mais importava?

Os 15 mil jovens espalhados pelos diversos hectares da fazenda viram passar pelo palco uma enorme sequência de bandas. Algumas delas, desconhecidas do grande público, como Pedra, Cogumelos, Sacramento, Peyoth, Eclipse, Dez Mandamentos e Orquestra Azul. Outras, já haviam dado o ar de sua graça por aí, como Rock da Mortalha, Terreno Baldio e Flying Banana. E, finalmente, as mais conhecidas, como Tony Osannah, A Chave e Apokalypsis, que brilharam no sábado, e Moto Perpétuo, Som Nosso de Cada Dia e nós, d'O Terço, que encerramos o festival "com muita garra", como disse a Hit Pop.

Leivinha, o cérebro por trás do evento que dispôs da fazenda da família para a realização do festival, ao ser perguntado sobre o acontecimento anos mais tarde, disse: "Foi uma catarse coletiva e um exercício muito bonito de liberdade, numa época em que havia um anseio enorme de participação..." *(www.vivendobauru.com.br/woodstock-brasileiro-festival-de-aguas-claras/)*

Mal baixou a adrenalina de Águas Claras e lá fomos nós correndo para o Rio. Outro festival nos aguardava. Dessa vez, em plena urbe, sem necessidade de barracas, mochilas e sacos de dormir. O indivíduo comprava o ingresso na bilheteria, via o show e depois ia pra casa. Seu nome, Hollywood Rock.

O jornalista, produtor, escritor e compositor Nelson Motta, às voltas com a ideia de realizar um festival ao ar livre, convenceu a fábrica de cigarros Souza Cruz a patrociná-lo. Depois, teve que enfrentar uma batalha com os órgãos de repressão para conseguir a famigerada licença para a realização do evento. Os documentos de anuência que se acumularam no escritório do jornalista vinham de órgãos da censura, do DOPS (Departamento de Ordem Política e Social), do Corpo de Bombeiros etc. Ao temer aglomerações e eventuais manifestações contra a ditadura, os órgãos de repressão colocavam uma série de obstáculos a fim de dificultar e desestimular a realização de eventos desse porte.

Anunciado como "o primeiro grande concerto de rock brasileiro", o que evidentemente não era verdade, o Hollywood Rock aconteceu no estádio do Botafogo, durante quatro sucessivos sábados, a partir do dia 11 de janeiro. Neste dia, Rita Lee & Tutti Frutti abriram o festival com um ótimo show, apesar de problemas com o som durante o espetáculo. No dia 18, foi a vez das bandas Veludo e Mutantes. O Veludo, tendo agora Nelsinho Laranjeiras no baixo, tocou antes e escapou da tempestade que encerrou prematuramente o show dos Mutantes, cuja formação naquele momento era com Sérgio Dias (vocal e guitarra), Rui Motta (bateria), Túlio Mourão (teclados) e Antônio Pedro (baixo). "Estavam no meio da terceira ou quarta música quando a chuva apertou. Exatamente no momento em que Sérgio desenvolvia um longo e infindável solo de guitarra. E à medida que o solo acelerava, a chuva aumentava na mesma proporção. Uma luta entre Sérgio e São Pedro. Até que parte da cobertura do palco começou a despencar. Por sorte, todos conseguiram sair de lá antes de tudo vir abaixo. São Pedro ganhou a batalha", conta com humor Nelsinho Laranjeiras que estava assistindo ao show junto ao palco.

No dia 25, foi a nossa vez. Subimos ao palco depois das apresentações do Peso e do Vímana. A primeira, uma banda de hard rock mesclado com blues formada por Luiz Paulo Porto (vocal), Gabriel O'Meara (guitarra), Carlinhos Scart (baixo), Constant Papineanu (teclados) e Geraldo D'Arbilly (bateria); enquanto o Vímana, de Lulu Santos (guitarra e voz), Luiz Paulo Simas (teclados), Lobão (bateria), Fernando Gama (baixo) e Ritchie (voz, flauta), vinha se escorando no som meio funkeado que não foi muito do agrado do público. Nós, ao contrário, fomos muito bem recebidos e fizemos mais uma ótima apresentação.

Nelsinho Motta reservou o último dia do festival para reunir Erasmo Carlos, Celly Campello e Raul Seixas que, segundo ele, "protagonizaram uma noite histórica para o rock brasileiro" (MOTTA, 2000, p. 277).

De festival em festival, o da Praia do Leste, no Paraná, foi nossa próxima escala. O Terço, Rita Lee & Tutti Frutti e a banda gaúcha Bixo da Seda foram as principais atrações. Eu gostava muito do Bixo. Aliás, Magrão e Flávio também adoravam o Bixo da Seda que, naquela época, alinhava com Fughetti Luz (vocal), Cláudio Vera Cruz (teclados), Marcos Lessa (baixo), Mimi Lessa (guitarra) e Edison Espíndola (bateria). E fizeram um grande show, como diz Mimi Lessa em "Psicodelia Brasileira: um mergulho na geração bendita" (RIDOLFI, CANESTRELLI & DIAS, 2007): "(Viemos) com um rock meio dançante, pulsante (e) o povo veio abaixo quando a gente tocou".

> *"Desse festival, a primeira lembrança que me vem à cabeça é a da menina linda, meio hiponga, que entrou no meu quarto com um vestido comprido, de tecido fino, viajando de ácido. Passamos a tarde toda juntos. Depois ela disse até mais e nunca mais a vi".*
>
> **Sérgio Magrão.**

Criaturas da Noite

Apesar do nosso trabalho incessante na estrada e do reconhecimento da crítica especializada, que nos considerou como a "melhor banda de1974", nenhuma gravadora demonstrou interesse em lançar nosso disco. A Polygram, antiga CBD, foi uma delas. O produtor Roberto Menescal alegou que a companhia havia empenhado muito dinheiro no lançamento do ex-Secos & Molhados João Ricardo e que, por conta disso, o momento não permitia que investissem em outro disco de rock.

Nesse meio tempo, esbarramos com Mário Buonfiglio, conhecido empresário paulistano, que já havia trabalhado com Ronnie Von e Made In Brazil, entre outros. Amável, marcou uma reunião conosco em sua casa no Morumbi. Uma mansão que nos impressionou muito. Sentamos todos ao redor de uma mesa rústica, comprida, daquelas que costumamos ver em fazendas. A conversa rendeu. Ao final, selamos um acordo e Mario passou a nos empresariar.

De imediato, Mário conseguiu negociar o lançamento do disco com a Copacabana. "Levei a fita para uma gravadora (...) que lançava os maiores bregas da época. (...) Mas tinha um (...) gringo argentino lá, chamado Sam, ligado em rock, que gostou do trabalho d'O Terço e disse: *Vamos lançar isso*", contou Mário em "O Som do Vinil", programa apresentado por Chales Gavin, e exibido pelo Canal Brasil desde 2007.

Antes de se mudar para o Brasil e fixar residência em São Paulo, Sam integrara a dupla Sam & Dan. Sem obter muito sucesso na Argentina, veio para o Brasil em 1973 onde adquiriu fama como Mr. Sam, DJ que agitou as noites paulistanas antes de se tornar produtor da Copacabana. Foi ele quem descobriu uma caloura de nome Maria Odete e a transformou no furacão Gretchen, a "Rainha do Bumbum", cujo primeiro disco foi o compacto simples *Dance With Me*, lançado em 1978.

Enquanto a Copacabana cuidava dos trâmites necessários para o lançamento do nosso disco, os shows se multiplicavam. E entre um aqui e outro acolá, seguimos para o Rio de Janeiro para participar de mais um acontecimento organizado e produzido por Carlos Alberto Sion, a II Temporada de Rock e Música Progressiva.

O local escolhido por Sion para abrigar a temporada foi o Teatro Tereza Rachel. Localizado num dos mais antigos shoppings da cidade, em Copacabana, o Tereza Rachel já estava fazendo história pelos excelentes espetáculos que acolhia. Entre eles, a inesquecível série de concertos que a cantora Gal Costa fizera no ano de sua inauguração – 1971 –, e que acabou virando disco, o álbum duplo *Gal A Todo Vapor*, gravado ao vivo no local. Já sem Rita Lee, os Mutantes de Sérgio, Arnaldo, Liminha e Dinho também alvoroçaram o teatro com um show poderoso, no qual mesclaram temas do LP *Mutantes e Seus Cometas no País do Baurets*, como *Vida de Cachorro, Beijo Exagerado e Balada do Louco*, com algumas incursões progressivas que eles já vinham criando sem a Rita. E, por falar em Rita, foi também nesse mesmo reduto que ela fez sua estreia no Rio de Janeiro com sua então nova banda Tutti Frutti.

Coube a O Terço, inaugurar a II Temporada de Rock e Música Progressiva com apresentações nos dias 23, 24 e 25 de maio, ou seja, sexta, sábado e domingo. Três dias lotados. Mas no sábado, o teatro ficou pequeno. Havia muito mais gente do lado de fora do que ingressos na bilheteria, que se esgotaram em pouco tempo. Mas ninguém arredou o pé dali. Queriam ver o show, então, de última hora, anun-

Fotos A. Freitas.

ciamos ali mesmo que haveria uma segunda sessão. Foi um alvoroço danado, com filas voltando a se formar diante da bilheteria e o alarido se espalhando pelos amplos corredores do velho shopping.

Fizemos ótimas apresentações e além do mais a iluminação especialíssima do nosso show, a cargo da Ashtar Solar Lights, cativou ainda mais o público que nos prestigiou naquela noite de maio.

Depois, nos dias 30 e 31 de maio e 1º de junho, quem pisou no palco do teatro foi o Som Nosso de Cada Dia, banda paulistana de rock progressivo formada por Manito (teclados, sax e flauta), Pedro Baldanza (baixo e guitarra) e Pedrinho Batera (bateria e vocais). Manito já era um velho conhecido do público. Afinal, foi um dos integrantes originais dos Incríveis, onde se destacou tocando sax e órgão, embora fosse capaz de tocar qualquer instrumento que colocassem em suas mãos.

Nos dias 6 e 7 de junho, foi a vez d'A Bolha, que mostrou sua nova cara depois de um longo hiato afastada dos palcos. Ao lado de Renato Ladeira (vocal e teclados) e Pedrinho Lima (guitarra e vocal) estavam Marcelo Sussekind (baixo), e o ex-Analfabitles Léo César (bateria).

A temporada se encerrou com dois shows do Veludo e do Vímana nas noites amenas de 8 e 9 de junho.

Com Mário Buonfiglio à frente, nossa engrenagem passou a girar em alta rotação. Tínhamos uma equipe eficiente, incluindo iluminadores, um *light show* cheio de efeitos e um ótimo PA da Giannini, com seus amplificadores valvulados de 300 watts de cada lado, com alto-falantes italianos RCF que aguentavam bem os trancos durante o transporte. Meu instrumento principal era uma Gibson SG, Magrão usava um baixo Fender Jazz, com um Giannini de reserva, até porque era a Giannini que nos dava suporte. Moreno, uma bateria Ludwig. Flávio se cercava de vários tipos de teclados. Enfim, tínhamos uma ótima infraestrutura que nos permitia oferecer ao público um espetáculo de qualidade, daí o sucesso que tivemos em nossa recente passagem pelo Rio de Janeiro e que se repetiria em São Paulo, onde

99

fizemos quatro apresentações no Teatro Bandeirantes, entre os dias 5 e 8 de junho.

O espetáculo foi batizado de "O Som Mágico do Terço", nada mais nada menos que "um show de luz, som e muito rock", como informava o anúncio publicado nos principais jornais de São Paulo. Venturini lembra-se bem das enormes filas que se formaram nos quatro dias de shows e que chegavam a obstruir a calçada da Avenida Brigadeiro Luiz Antônio, onde se localizava o teatro. "Estávamos atravessando um ótimo momento, tanto tecnicamente quanto musicalmente", conta o tecladista.

E sequer tínhamos um disco para promover! *Criaturas da Noite*, como batizamos nosso ainda inédito LP, só deveria chegar às lojas em julho, mas *Hey Amigo!* canção igualmente inédita, já era uma espécie de hino da nova geração roqueira que ia assistir aos nossos shows. Fosse nas sessões superlotadas do Teatro Bandeirantes, ou em qualquer outro lugar, quando Magrão fazia seu baixo ressoar as primeiras notas do tema, vinha tudo abaixo. E não podia ser diferente. Afinal, seu pegajoso refrão clama por participação (*Hey amigo, cante a canção comigo*). E o público evidentemente reagia.

Independentemente do lançamento de *Criaturas da Noite*, o fato é que já estávamos tocando o disco inteiro nos nossos shows. Hoje, isso seria politicamente incorreto, ou melhor, comercialmente inadequado, pois seria contrário a "norma" que tem regido o marketing do showbiz nas últimas quatro décadas. Primeiro lança-se o disco, depois faz-se uma temporada de shows para divulgá-lo.

Por essa época, o nosso *set list* era o seguinte:

*Amanhecer Total / Tocador / Canário / Queimada / Jogos das Pedras /
Tema I / Criaturas da Noite / Ponto Final / 1974 / Raposa Azul /
Tema II / Pano de Fundo / Terras do Sul / Hey Amigo! / Rock do Elvis /
Palha na Cabeça / Volte na Próxima Semana*

Olhando em retrospecto, é curioso notar como praticamente quase todo o repertório se baseava em músicas ainda inéditas em disco. Com exceção de *Amanhecer Total* e *Rock do Elvis*, do nosso segundo LP, as demais ainda veriam a luz do dia. Quer dizer, nem todas. *Raposa Azul, Canário* e *Palha na Cabeça*, por exemplo, ainda permanecem inéditas. *Terras do Sul*, canção minha e do Sá, tinha sido lançada no LP *Nunca*, do Sá & Guarabyra, enquanto *Tocador* viraria *Pássaro* e seria incluída no LP *Casa Encantada* que lançamos em 1976. A instrumental *Tema I* ganhou um nome, *Espelho das Águas,* e surgiu no LP de mesmo nome do 14 Bis (futura banda de Flávio), lançado em 1981. A maior parte, contudo, está representada por temas do LP *Criaturas da Noite*, então prestes a sair. São as seguintes: *Queimada, Jogo das Pedras, Criaturas da Noite, Ponto Final, 1974, Pano de Fundo, Hey Amigo* e *Volte na Próxima Semana*.

Quanto ao misterioso *Tema II*, segue vívido apenas em nossas memórias.

****

E nessa roda vida, lá fomos nós de volta ao Rio. E de volta ao Tereza Rachel, onde apresentamos "O Som Mágico do Terço" nos dias 24, 25, 26 e 27 de julho. Em uma nota sobre o show, além de elogiar a banda ("um dos melhores conjuntos...") a Tribuna da Imprensa revelou, com certo exagero, que *Criaturas da Noite,* produzido e gravado pelo próprio grupo em 16 canais, seria lançado simultaneamente em toda América do Sul e Estados Unidos. Ao que consta, saiu apenas na Argentina, no Chile e na Itália uma versão em inglês que gravamos do disco.

Criaturas da Noite, o nosso tão aguardado LP, chegou às lojas em setembro de 1975. Veio acomodado em capa dupla, desenhada pelos artistas plásticos Antônio e André Peticov. Em sua parte interna, uma foto muito boa da banda no Teatro Bandeirantes. Também inclui um encarte com as letras das músicas e outra foto da banda.

Chamado de "A Compreensão", o trabalho artístico dos dois Peticov, que serviu para ilustrar a capa do disco, tenta expressar uma ideia conectada com a ecologia. Havia pouco tempo, a palavra "ecologia" começara a transcender o meio acadêmico e científico para ganhar as ruas. Por sua abrangência e implicações, com descreveu um dos autores (RODRIGUES, 2014, P. 290), o termo passou a integrar a pauta de discussões políticas e sociais, tornando-se assunto relevante desde então. Quando Antônio Peticov bateu os olhos nesse termo, em 1972, nas páginas de um jornal, e se inteirou de seu significado, passou a incorporar essas ideias em suas obras. Consequentemente, na capa de "Criaturas da Noite", ele e o irmão reproduzem ambientes ecologicamente contrastantes, como os cumes nevados das montanhas e o verde da região Amazônica brasileira em imagem invertida numa das faixas horizontais dispostas no centro da capa.

O disco ainda traz um texto do jornalista Waldir Zetsch que, entre outras coisas, diz o seguinte:

... o Terço é um grande conjunto de rock – talvez o melhor do Brasil. Em seus shows, o conjunto vasculha com firmeza o repertório emocional do público e consegue sempre levá-lo a um nível de invejável intensidade. De repente, puxado só pela força e beleza da música, o pessoal levanta dos lugares e dança pelos corredores, em cima das cadeiras e no palco.

De fato, a Copacabana caprichou no tratamento dispensado ao nosso disco. O atraso em seu lançamento, inicialmente previsto para julho, deve-se possivelmente ao empenho e esmero da gravadora em gerar uma capa que fosse marcante, inovadora e artisticamente condizente com o conteúdo.

Quanto ao que os sulcos do disco revelam, *Criaturas da Noite* se equilibra entre o rock progressivo e o rock rural, de tal forma que a aparente incompatibilidade de estilos se desfaz ao longo da audição. Até porque o fiel da balança, que é o rock simples e direto, também se faz presente no disco. Essas investidas na direção do rock rural evidentemente advêm de nossa íntima convivência com a música de Sá & Guarabyra, mas, no que tange ao prog rock, estilo com o qual vínhamos flertando de forma casual, nosso mergulho se intensifica, sobretudo através do lindo tema instrumental de Venturini, chamado *1974*. Não bastassem essas investidas sonoras, ainda há no recheio uma bela canção de Flávio e Luiz Carlos Sá, que nos conduz, através das teclas do piano, rumo ao romantismo do século XIX, quando então os violinos, em arranjo do maestro Rogério Duprat, tomam a melodia para si ao irromperem no meio da canção de forma grandiosa. É ela, *Criaturas da Noite*, que dá título ao disco.

Hey Amigo evidentemente não poderia faltar. É com ela que o ouvinte adentra o LP, para só então enveredar pelos distintos climas que se revelam ao longo da audição. O passeio se encerra magistralmente com a longa suíte instrumental assinada por Flávio, a já mencionada *1974*. Uma peça sonora de tirar o fôlego do ouvinte ao longo de seus 12 minutos e vinte e sete segundos. A longa peça, por si só, garante a inclusão do LP no panteão dos grandes discos do rock brasileiro de todos os tempos.

Seguem algumas opiniões publicadas na imprensa acerca do disco:

Harmoniosos e fluentes, dominando as variadas influências do rock clássico inglês, O Terço lança seu mais poderoso trabalho, um similar rico e bem dosado, capaz de tornar supérfluas numerosas importações na área do rock.
Tárik de Souza, Veja, 1º de outubro de 1975

Como o rock brasileiro anda sofrendo de profunda anemia, (...) até que a aparição deste grupo veio em boa hora.
Cotação: Muito bom
Daniel Taylor, O Dia, 5 de outubro de 1975

*Produzido pelo próprio grupo com a estreita colaboração de Rogério Duprat, (...) **Criaturas da Noite** consegue ter a beleza de uma faixa como **Ponto Final** (Luiz Moreno), sem versos, ou até a simplicidade de **Criaturas da Noite** (Flávio Venturini e Luiz Carlos Sá).*
Diário do Paraná 05-10-1975

Esse veio com o adesivo disco de rock autocolado na capa, na cuca e no som. Como outros antes. Só que, diferentemente dos outros, "Criaturas" conseguiu deixar passar mais música, mais beleza e mais emoção.
Ana Maria Bahiana, Jornal da Música, 1975

*Não é um disco excepcional (...), mas restam exatamente quatro músicas muito boas – e esta é uma cota acima do normal em discos de rock brasileiros. Músicas como **Queimada** e **Jogo das Pedras**, usando sem vergonha o violão e a viola, temeridade só praticada em disco pelo marginal Arnaldo Baptista e pelo grupo Barca do Sol, aliás pouco ligado ao rock. Um tema instrumental bem acabado e executado com competência como **Ponto Final**. E a suave e delicada **Criaturas da Noite**, vestida na medida por um arranjo de Rogério Duprat. E, em todas as faixas, uma perícia instrumental e vocal bem superior à média dos rockeiros brasileiros, e um esforço sincero para obter uma linguagem própria.*

*Assim, num nível superficial **Criaturas da Noite** é (...) rock brasileiro tão bom quanto o estrangeiro. (...) É uma das coisas mais próximas da libertação, criatividade e originalidade que o pobre rock brasileiro já produziu nestes últimos tempos.*
Opinião, 31 de outubro de 1975

Não dá para negar que 1975 foi um grande ano na trajetória d'O Terço. Lotamos teatros, auditórios, ginásios. Levamos nosso show para grandes cidades brasileiras, sobretudo das regiões sul e sudeste. Além disso, *Criaturas da Noite* foi brindado com elogios da crítica especializada e dos fãs do rock. Os encômios também se estendiam aos nossos shows que, em 1975, preencheram nossa agenda até o último mês do ano, quando atingimos o auge de nossa carreira até então.

E ainda sobre o álbum *Criaturas da Noite,* a jornalista Ana Maria Bahiana escreveria em seu livro "Almanaque Anos 70" (BAHIANA, 2006) o seguinte: "É o momento de maior repercussão da banda, com uma sonoridade própria que mistura rock progressivo, folk e MPB".

Antes do ano terminar, contudo, ainda fizemos muitos shows. Entre os quais, o do dia 12 de setembro, junto com o Bixo da Seda e os Mutantes. Neste dia, as cinco mil pessoas que lotaram o Gigantinho, em Porto Alegre, juntaram suas vozes às nossas para cantarmos em uníssono o refrão mais conhecido do nosso repertório: o do tema *Hey Amigo*, que incita o público a cantar junto a canção.

Naquele ano, o Gigantinho só voltaria a viver outro momento glorioso três meses depois, quando aterrissou no seu palco o ex-tecladista do Yes, Rick Wakeman, na esteira da turnê do disco *Journey to the Centre of the Earth*. Wakeman foi o primeiro grande artista internacional a se apresentar na capital gaúcha.

Mas, seguindo com o nosso périplo pelo sul do Brasil, ainda passamos por Santos e pelo interior de Santa Catarina. Também tocamos no Círculo Militar, em Curitiba, e nos despedimos de 1975 fazendo uma dobradinha com Rita Lee & Tutti Frutti, que chacoalhou mais uma vez o Teatro Bandeirantes, um dos maiores redutos do rock na capital paulista.

Casa Encantada

Nada melhor do que iniciar um novo ano com a notícia de que fomos mais uma vez eleitos "o melhor grupo de 1975", e que *Criaturas da Noite*" foi igualmente considerado "o melhor disco" daquele ano pelos críticos e pelos leitores da revista Rock, a História e a Glória. Com nosso astral elevado, fizemos da casa alugada de Flávio o quartel-general d'O Terço.

A casa ficava na BR 116, km 48. Mais ou menos nas cercanias de Itapecerica da Serra. Nela, acomodamos todo o nosso equipamento e nos aboletamos cada um num dos quartos da casa. Passávamos a maior parte do tempo lá, ensaiando, compondo e relaxando naquele ambiente cercado de verde. Na Casa Encantada, como carinhosamente nos referíamos a ela, respirava-se música 24 horas por dia. Assim,

Foto A. Freitas.

durante os três primeiros meses do ano nos dedicamos à criação do próximo LP.

Fotos A. Freitas.

Foto A. Freitas.

Mário Buonfiglio, por outro lado, nos colocou de volta na estrada. E uma de nossas primeiras apresentações ocorreu no Ginásio Taquaral, em Campinas. Mais de quatro mil pessoas dançaram e vibraram ao som do Sindicato, d'O Terço e dos Mutantes no espetáculo promovido pela Clack Música e Espetáculos Ltda e transmitido pela Rádio Educadora FM, da Rede Bandeirantes.

Dois palcos foram montados para abrigar os equipamentos d'O Terço e dos Mutantes, os maiores entre as bandas brasileiras daquela época. Enquanto os Mutantes faziam seu terceiro show com sua nova formação (Sérgio Dias, guitarra e vocal, Ruy Motta, bateria, Paul de Castro, baixo, e Luciano Alves, teclados), nós começamos a testar ao vivo as novas músicas que seriam incluídas no nosso próximo LP.

De volta a São Paulo, fomos um dos destaques do "maior show de todos os tempos", conforme dizia o anúncio. Naquele 29 de maio, cerca de 10.000 pessoas lotaram o Ginásio da Portuguesa de Desportos para assistir a uma verdadeira e cansativa maratona de rock produzida por Mário Buonfiglio e pela Secretaria de Turismo da Prefeitura de São Paulo. A fila começou a se formar pela manhã. Uma longa espera até o início dos shows previsto para às 20 horas. Além de nós, o público assistiria, nos quatro palcos montados para o evento, os Mutantes, Som Nosso de Cada Dia, Cornélius & Grupo Santa Fé, Flying Banana, Bixo da Seda, Joelho de Porco, Sindicato e Humahuaca. O Terço, os Mutantes e o Som Nosso de Cada dia tocariam nos seus respectivos palcos. No restante, se apresentariam as demais bandas.

Segundo Ezequiel Neves, fizemos uma apresentação "rápida e rasteira, bem competente" (Rock, a História e a Glória, No. 19, 1976) depois da apresentação dos Mutantes. Mas a festa de celebração ao rock prosseguiu varando a madrugada. Joelho de Porco acordou o público com seu sarcasmo e humor, mas quando o Bixo da Seda subiu ao palco boa parte do público já tinha ido embora. Apesar do ótimo show dos gaúchos, que acabou por volta de quatro horas da manhã, a plateia sonolenta e exaurida já não teve forças para sacudir o esqueleto ao som do Bixo.

Poucos dias antes de Mário Buonfiglio sacudir o Ginásio da Portuguesa com sua maratona de rock, Nelson Motta fez fervilhar a pacata cidade de Saquarema, no Rio de Janeiro, ao produzir ali um festival de rock no mesmo fim de semana em que a serena cidade da região dos Lagos recebia a última etapa do principal campeonato de Surf do país. O festival "Som, Sol & Surf", do polivalente Nelson Motta, atraiu mais de 40 mil pessoas vindas de todas as partes. A pequena cidade de 10 mil habitantes ficou de pernas para o ar nos dias 21, 22 e 23 de maio, ao som do Made in Brazil, Rita Lee & Tutti Frutti, Angela Ro Ro, Raul Seixas, Ronaldo Resedá, Flávio Spirito Santo, Flamboyant e Bixo da Seda. Era tanta gente que tudo se esgotou rapidamente. Nos mercados, prateleiras vazias, nos albergues ou pequenas hospedagens, nenhum quarto disponível. O pão na padaria, só pra alguns sortudos.

Enquanto no mar se disputava o direito de representar o Brasil nas ondas do Havaí, no acanhado estádio que acolheu o festival, o público viajava ao som do rock que tomou conta das noites de Saquarema. Era festa e loucura para todos os lados. Aliás, anos mais tarde, e com total apoio da prefeitura local, o cantor Serguei faria de Saquarema o seu lar e, de sua casa, o "Museu do Rock", uma atração turística da cidade. Que siga descansando em paz, velho roqueiro!

O sucesso desses dois últimos acontecimentos, num curto espaço de tempo, demonstrou o quanto, pelo menos naquele momento, o rock underground brasileiro estava em alta. Até porque encontrava apoio nas poucas revistas especializadas em música que, na maioria dos casos, faziam enorme esforço para se manterem vivas nas bancas de jornais das grandes cidades. Nas páginas da *Pop* (através de seu jornalzinho *Hit Pop*), *Rock, a História e a Glória*, *Música e Música no Planeta Terra* o leitor poderia encontrar em suas páginas notícias sobre festivais de rock, críticas dos últimos lançamentos, resenhas de shows, entrevistas e novidades sobre bandas tão distintas quanto A Barca do Sol, Veludo, A Chave, Som Nosso de Cada Dia, A Bolha, Joelho de Porco, Bixo da Seda, Made in Brazil, Vímana, além d'O Terço e dos Mutantes.

****

Entre os muros que me cercam
Sempre posso ver
Outras terras, outros mundos
Sol ou mar
(*Casa Encantada* – O Terço)

A turnê de estreia do novo disco d'O Terço – *Casa Encantada* – que só seria lançado em agosto, estreou efetivamente no dia 12 de junho de 1976, no Teatro Tuca, em São Paulo. O espetáculo de mesmo nome teve produção de Mário Buonfiglio, luz de Beto, da Crowd, mesa de 12 canais operada por Renato, Totinho e Marquinhos, cenário de Décio, slides de Laura e projeção de Toninho. No palco, acompanhando Magrão, Moreno, Venturini e eu o percussionista Caíto.

Baseado obviamente nas canções do novo LP, ainda em processo de finalização, *Casa Encantada* mostrou ao público que lotou o Tuca de 12 a 20 de junho o "alto nível profissional dos músicos e da equipe técnica, aliados a um repertório de muito bom gosto", como assinalou a revista Música, em 2 de junho de 1976.

A próxima escala foi no Rio de Janeiro, onde fizemos uma temporada de duas semanas no Teatro João Caetano, num momento em que outras bandas atuavam na cidade com sucesso, como o Made in Brazil e A Barca do Sol, e que também lotavam os respectivos teatros nos quais se apresentavam: a Sala Corpo e Som do Museu de Arte Moderna e o Teatro Tereza Rachel. Para a jornalista Ana Maria Bahiana, o sucesso simultâneo dessas três bandas no Rio seria mais uma "prova irrefutável" de que o rock, naquele ano de 1976, era mesmo "um grande atrativo" (Opinião, 16-07-1976).

E sobre nosso show, que estreou na cidade no dia 24 de junho, a jornalista escreveu:

Dos três (grupos), *o Terço é o mais famoso e mais bem equipado. Tem a seu favor as facilidades de uma estrutura bem montada (...). Seu espetáculo tinha mesmo uma iluminação e uma qualidade de som melhores que a média do show business brasileiro. Efeitos de luz negra e estroboscópica, fumaça, projeção de slides, um cenário dramático, copiado de um trabalho do desenhista Escher, precursor da op-art, enfim, uma vontade de dar ao público algo mais que um simples recital. E o público respondeu, lotando e superlotando sucessivamente o Teatro João Caetano durante os 15 dias da temporada.*

É verdade que o Terço continua fascinado pelas fórmulas inglesas do rock clássico (...), mas nas canções curtas, e despretensiosas, e muitas vezes apenas acústicas, o Terço revela uma inegável sensibilidade como compositores e intérpretes. Momentos como **Flor de la**

Noche, Luz de Vela e ***Velho Silêncio*** *(do ex-Terço Cesar de Mercês) ou nas composições do talentoso Flávio Venturini (...) mostram um grupo de jovens músicos alertas e conscientes para o fato de que todo o rock que traduzem dentro de si só faz sentido se colocado dentro de uma perspectiva pessoal, vale dizer brasileira.*

(Opinião, 16-07-1976)

De acordo com o panfleto da turnê, distribuído na entrada dos shows, *Velho Silêncio* (de Cezar de Mercês) e *Sangue Novo* (de Sérgio Hinds e Cezar de Mercês) faziam parte do set list de *Casa Encantada*. Contudo, baseado numa gravação do show de estreia da banda no Rio, O terço desfiou o seguinte repertório:

Flor de la Noche / Suíte I / Tocador / Queimada / Guitarras / Sentinela do Abismo / Criaturas da Noite / O Vôo da Fênix / Tema I / Casa Encantada / Flor de la Noche II / Cabala / Volte na Próxima Semana / Foi Quando Vi Aquela Lua Passar / Hey Amigo

Nota-se, pelo menos nesse show, a não inclusão de *Velho Silêncio*, citada por Ana Maria Bahiana, e *Sangue Novo,* ambas ainda inéditas na discografia d'O Terço. Mas inclui, por outro lado, outras duas igualmente inéditas, a *Suíte I*, de Venturini, e *Tema I*, assinada por Flávio, Moreno, Hinds e Magrão, que como já citamos, foi parar num disco da banda 14 Bis com o nome de *Espelho das Águas*.

O aguardado disco d'O Terço, *Casa Encantada*, che-

Panfleto distribuído nos shows da turnê "Casa Encantada".

gou às lojas durante o segundo semestre de 1976, encartado em capa dupla, com arte de Carlos Vergara, fotos internas de Luiz Thompson e texto de Luiz Carlos Sá. O disco produzido por Paulo Rocco, conta com a participação do percussionista Zé Eduardo, músico do grupo de Hermeto Paschoal, e de Cezar de Mercês, que toca flauta em *Cabala* e junta sua voz às vozes de Venturini, Magrão e a minha em *Sentinela do Abismo*.

Como diz um dos autores (RODRIGUES, 2014, p. 294), "(o disco) investe no pop rock (*Luz de Vela*), flerta com o rock rural (*Pássaro, Foi Quando eu Vi Aquela Lua Passar*), e até envereda pela latinidade (*Flor de la Noche*) e por canções que poderiam disputar um lugar no *Clube da Esquina,* de Milton Nascimento (*Sentinela do Abismo*)." As tinturas prog, em menor intensidade, se restringem aos temas instrumentais *Guitarras* e *Solaris*.

Na imprensa, o disco sai com saldo positivo. Do "bom" disco, na opinião da revista Música (No. 7, dezembro de 1976), O Globo (15-12-1976) destaca "os belíssimos vocais", enquanto o crítico João José Miguel, do Correio Braziliense, que admite não ter simpatia pelo rock brasileiro, se disse surpreendido pelo disco (29-12-1976). Em sua resenha, escreveu: "O Terço (...) abandonou suas pretensões de grupo de rock pesado e resolveu dar um grande passo em direção a um sincretismo que envolve além de material norte-americano grandes doses da revigorante música brasileira semi-folclórica,"

****

O Terço ainda perambulou pelo Rio antes de carregar sua parafernália para outras paragens. Depois do João Caetano, a banda tocou no Grajaú Tênis Clube ((7 de julho), na Portuguesa (9 de julho), no Capi, em Caxias (10 de julho) e no MacKenzie (11 de julho). Em seguida (21 de agosto), em mais uma produção gigantesca de Mário Buonfiglio, O Terço pousou no palco do Sport Club Corínthians Paulista, em São Paulo, em noite que reuniu, além de nós, o Humahuaca, Cornélius & Santa Fé, Mutantes, Som Nosso de Cada Dia e Sindicato.

A banda Humahuaca, de Willy Verdaguer — baixista argentino que chegou ao Brasil como integrante dos Beat Boys e que depois atuou na banda de apoio dos Secos & Molhados —, foi a primeira a encarar a plateia que lotava o ginásio do clube. O seu som instrumental, de jazz-rock, deixou o público impaciente. A turma queria ouvir a estridência das guitarras zunindo sobre suas cabeças ao ritmo pulsante rock e totalmente carregado em decibéis. Nada de improvisos jazzísticos.

O volume veio junto com Cornélius & Santa Fé. Foi quando a multidão começou a se espremer diante do palco. Quando O Terço entrou na sequência, a polícia precisou agir para conter o tumulto. Com a situação controlada, as palmas acompanharam a apresentação dos Mutantes, enquanto o som do Som Nosso de Cada Dia manteve a atenção e os olhos do público no palco. O Sindicato iniciou sua apresentação às duas horas da manhã.

Em setembro, de 2 a 5, tocamos no Teatro Francisco Nunes, em Belo Horizonte, e no dia 7, em Contagem, MG. E de Minas, rumamos para o sul do país pulando de cidade em cidade, o que nos fez ultrapassar de longe a marca de 100 shows ao longo do ano. Um número invejável para uma banda de rock brasileira sem música alguma de sucesso nas rádios do país. Ao contrário de Rita Lee & Tutti Frutti, por exemplo, cujos merecidos sucessos em rádio e frequentes aparições na televisão garantiam uma agenda cheia por todo o país o ano inteiro. Os Mutantes, por seu histórico e por sua qualidade, era outra banda que certamente ultrapassava àquela marca. Especialmente, nos anos de maior sucesso do rock alternativo brasileiro, isto é, entre 1975 e 1976.

Em meio a esse turbilhão de shows, uma vez nos deparamos com um acontecimento insólito. Quando fomos passar o som à tarde num ginásio, reparei que colocaram uns braseiros próximos uns

dos outros no último degrau da arquibancada. Vi por acaso, quando resolvi ouvir o som da banda lá de cima. Deduzi que aqueles três braseiros serviriam para queimar incenso durante nossa apresentação. Ledo engano. Quando subi-

mos no palco, na hora do show, notamos um fumacê danado dentro do ginásio. O odor era forte, de maconha. Vinha de lá, dos braseiros. Resultado, todo mundo doido, da plateia aos seguranças, passando pela banda. Foi uma viagem coletiva.

Fotos A. Freitas.

Para Magrão, merecem destaque nesse período nossos seguintes shows: o "Rock, Soul, Pop", no Campo do Cruzeiro, em Belo Horizonte, o "Hollywood Rock," no Rio, e o da "Praia do Leste", no Paraná.

Ainda em 1976, a Copacabana enviou, para as rádios norte-americanas, um compacto promocional contendo as versões em inglês de *Queimada* (*Fields on Fire*) e *Criaturas da Noite* (*Shining Days, Summer Nights*), e para os mercados fonográficos da Alemanha e Países Baixos, a versão em inglês do nosso LP *Criaturas da Noite*.

Mas enquanto o rock underground brasileiro atingia seu maior patamar de visibilidade, conquistando espaços e público, no exterior o rock já vinha ensaiando um retorno à sua forma mais crua, básica, de três acordes, através de bandas como Ramones e New York Dolls, que atraiam cada vez mais seguidores a partir de seus redutos nova-iorquinos, o Max's Kansas City e o CBGB. Ao mesmo tempo, em Londres, a fúria do punk eclodiria bombasticamente antes do final do ano através da imagem chocante dos Sex Pistols, com seus cabelos à moicana, camisas rasgadas, alfinetes espetados pelo corpo e um discurso de incitação à anarquia.

I am an anti-Christ
I am an anarchist
Don´t know what I want
But I know how to get it
I want to destroy the passerby

(*Anarchy In The UK* – Sex Pistols)

Sinais de mudança à frente. Mas, enquanto isso...

Tributo aos Beatles

Reunir as duas maiores bandas brasileiras num palco para fazer um tributo aos Beatles foi mais uma ótima iniciativa do Mário Buonfiglio. Ao atrair a atenção da imprensa, colocou O Terço e os Mutantes de volta às páginas dos jornais e revistas num momento em que diferentes movimentos estético-musicais começavam a pipocar em todos os lugares e a conquistar cada vez mais espaço tanto nas páginas das revistas especializadas, como na tela da televisão e no coração do público consumidor. Assim, a "disco music" seguia em alta, o movimento Black Rio dava os primeiros sinais de sua força, o reggae tornava-se o ritmo da moda em Londres e sensação na América e o movimento punk explodia com toda a sua força na Inglaterra. Enquanto o velho rock tentava se manter de pé, o punk com sua estética agressiva e furiosa, ao estilo "do it yourself", ou "faça você mesmo", ajudou a aprofundar a derrocada do rock progressivo, complexo e pomposo. Consequentemente, bandas como os Mutantes, os maiores representantes do estilo no Brasil, logo se tornariam anacrônicas. No caso d'O Terço, embora nossa relação com o prog rock fosse apenas tangencial, a banda também sofreria com as mudanças que sopravam tanto do exterior quanto do próprio mercado brasileiro.

****

O local escolhido para a estreia de "Como Nos Velhos Tempos" foi o austero Teatro Municipal de São Paulo. Imponente, o teatro estendia seu tapete vermelho para a música da maior banda de todos os tempos. E por tabela, para a música dos Mutantes e d'O Terço. Na verdade, o espetáculo se dividiria em três partes: na primeira, os Mutantes executariam músicas do seu recém-lançado LP gravado ao vivo no Museu de Arte Moderna do Rio, o *Mutantes Ao Vivo*; na segunda, O Terço mostraria temas dos discos *Criaturas da Noite* e *Casa Encantada*: e, na terceira, as duas bandas se uniriam para celebrar a música de John, Paul, George e Ringo, o momento mais aguardado do espetáculo.

Foram seis apresentações concorridíssimas, de 10 a 13 de fevereiro de 1977 – sendo duas no sábado (às 21 e 23hs) e duas no domingo (às 18 e 21hs) –, que deixaram a direção do teatro de cabelo em pé, temendo por eventuais danos às poltronas aveludadas ao ver o recinto ser invadido por uma horda ruidosa de roqueiros. Um folheto chegou a ser distribuído na entrada do teatro com instruções para o bom comportamento do público no interior do teatro. Ou seja, ter cuidado com as cadeiras e tapetes, fumar só em locais permitidos etc.

O Público reagiu de forma diferente aos nossos respectivos shows. Mas quando nos juntamos no palco, trajados à la Sgt. Peppers, e enfileiramos *Help*, *She Loves You*, *Lady Madonna*, *Magical Mystery Tour* e *Hey Jude*, entre outras, o teatro veio abaixo. Ricardo Puggialli, autor de livros sobre a jovem guarda e sobre os Beatles, não se conteve. Ao juntar sua voz às da plateia e às dos músicos para berrar em alto e bom som, num frenesi coletivo, o famoso refrão *"she loves you yeah, yeah, yeah / she loves you yeah, yeah, yeah"*, esqueceu-se obviamente das regras de bom comportamento. Deixou numa das poltronas as marcas da sua catarse. Tinha 16 anos e assistia ao seu primeiro show.

Naqueles dias, embora aplaudissem *Anjos do Sul* e *Cabala*, por exemplo, a atração principal não era a música dos Mutantes ou d'O Terço. A razão do enorme êxito dessas apresentações foi, sim, a música eterna dos Beatles.

O estrondoso sucesso da curta temporada (4 dias) superou em muito as já otimistas previsões do empresário Mário Buonfiglio, responsável pela produção executiva do espetáculo. Atraído pelos dois grupos mais populares de nossa música jovem – Terço

*e Mutantes – e pelos **forever darlings** do universo pop – os Beatles – um eclético e entusiasmado público lotou inteiramente as dependências do teatro, nos quatro dias.*

...

Na primeira parte do show, Terço e Mutantes fizeram apresentações em separado (...). O Terço, apoiado pela extraordinária bateria de Luís Moreno, mostrou que está conseguindo uma fórmula muito eficiente para apresentações ao vivo em termos de seleção e colocação dos ritmos, mantendo (...) o público atento e/ou dançando nas cadeiras.

(...) Já os Mutantes detonaram a costumeira tonelada de bobagens que os têm caracterizado desde a saída de Arnaldo Baptista e Rita Lee.

...

(Depois), os dois grupos subiram ao palco para homenagem musical aos Beatles, principal atração do espetáculo. Protegidos por uma formidável muralha de instrumentos, amplificadores e caixas acústicas, os oito músicos fizeram desfiar os maiores sucessos do quarteto inglês, sempre acompanhados de um sonoro coral formado pela plateia. (...)

Mutantes e Terço deram ao público exatamente o que ele esperava: um divertido revival das músicas que marcaram os anos 60, e que continuam atuais e oportunas. (...) O objetivo, enfim, foi atingido de maneira plena e memorável.

Okky de Souza, Hit Pop, abril de 1977

Fotos de Clarice Lambert.

Foto de Clarice Lambert.

Sérgio Caffa, Cezinha, Argentina

Finda a temporada em celebração aos Beatles, Flávio anunciou sua saída da banda. Vozes de Minas o chamavam. Como sentia falta dos ares de sua Belo Horizonte e de seus velhos conhecidos do Clube da Esquina, decidiu respirar outro ambiente musical. Não como uma volta ao passado, mas apenas como um posto de reabastecimento. Beto Guedes o aguardava.

A saída de Flávio trouxe de volta Cezinha, que estava sempre por perto, mostrando novas músicas e participando de nossos discos. Seu retorno à banda aconteceu naturalmente. Além dele, incorporamos um novo tecladista, o Sérgio Caffa, que "roubamos" do grupo do Sá e Guarabyra. Enfim, fazíamos parte da "grande família do Brooklin", onde todos nós morávamos.

Sérgio Caffa era um músico experiente e atuante desde os anos 60. Suas primeiras incursões pelos palcos da vida foram como músico da cantora De Kalafe, uma paranaense que costumava cantar descalça canções de protesto, como *Guerra*, *Mundo Quadrado* e *Faça Amor e Não Guerra* e que depois migrou para o México, onde vive até hoje.

Fotos de A. Freitas.

Já nos anos 70, Caffa foi um dos fundadores do grupo Scaladácida, do qual também fazia parte o inglês recém-chegado ao Brasil Richard Court, o futuro Ritchie do hit *Menina Veneno*. Com Cezinha de volta e Caffa assumindo os teclados, O Terço, pela primeira vez, virou um quinteto.

Evidentemente, o nosso som mudou. E essa mudança foi se desenhando nos nossos ensaios na "casa encantada". Foram cerca de dois meses criando novas composições, amadurecendo os arranjos, discutindo novas ideias. O piano de Caffa acrescentou balanço ao nosso som e nos aproximou da cidade novamente. Das nossas incursões à música interiorana, rural, ainda restou algo, mas quanto ao combalido prog rock, ficaram apenas vestígios. Isso num momento em que a banda inglesa Genesis promoveu uma verdadeira avalanche do estilo sobre nossas cabeças durante sua curta turnê pelo Brasil, em maio. Já sem Peter Gabriel, o quarteto formado por Phil Collins (vocal e bateria), Steve Hackett (guitarra), Tony Banks (teclado) e Mike Rutheford (baixo e guitarra), acrescidos pelo músico convidado Chester Thompson (bateria), se apresentaram em Porto Alegre (Gigantinho), São Paulo (Ginásio do Ibirapuera) e Rio de Janeiro (Maracanãzinho).

Coincidentemente, os dois autores do livro marcaram presença numa das apresentações do Genesis no Ginásio do Ibirapuera. E a lembrança que nos resta, além de ter sido um ótimo concerto, foi o do espetacular *light show* da banda que nos deixou de queixo caído.

****

Uma das primeiras aparições d'O Terço com sua nova formação ocorreu no dia 17 de setembro de 1977, no Ginásio do Ibirapuera, em São Paulo. Foi durante o I Concerto Latino-Americano de Rock. Mais uma grande produção do empresário Mário Buonfiglio, que colocou lado a lado os brasileiros César Camargo Mariano & Cia, O Terço e Patrulha do Espaço e os argentinos León Gieco, Nito Mestre y Los Desconocidos de Siempre e a banda de rock progressivo Crucis.

A ideia de Mário era que o evento se repetisse na Argentina, promovendo um intercâmbio musical com vistas a ampliar o mercado para bandas dos dois países, e em especial para O Terço, uma banda com potencial e qualidade para conquistar o mercado exterior. "Integrar-se para trascender", escreveu a revista argentina Pelo (Nº. 83, 1977). Ou seja, seria "o primeiro passo concreto em direção a uma união entre a música jovem dos países sul-americanos" (Jornal de Música No. 34, setembro de 1977).

Nessa empreitada, Mário contou com a parceria do empresário argentino Jorge Alvarez, cabendo a cada um deles cuidar do acontecimento em seus respectivos países, como informava a revista Pelo. E para poupar custos, os artistas viajariam apenas com seus instrumentos, tendo evidentemente à sua disposição todo o equipamento de palco local.

Em São Paulo, à parte os inúmeros problemas técnicos, foi uma festa muito bonita. Arnaldo e a Patrulha do Espaço surgiram no palco com meia hora de atraso, por conta de problemas com o som. Saiu aplaudido, não tanto pela música em si, mas pelo peso do seu nome. León Gieco, o "Bob Dylan argentino", ao violão e gaita, agradou. Foi seguido por Nito Mestre y Los Desconocidos de Siempre. Embora a banda estivesse lançando seu primeiro disco, Nito Mestre, em particular, já era um nome respeitadíssimo no cenário roqueiro argentino.

Com Charly Garcia, outro personagem incontornável daquela cena, Nito formara o duo Sui Generis, cuja fama e popularidade alcançada na primeira metade dos anos 1970 lhes garantiria cadeira cativa na galeria dos imortais do rock argentino.

No Ginásio do Ibirapuera, a banda apresentou ao público a sua mescla de folk e rock envolvente, ora pendendo para a sonoridade acústica, ora para a elétrica, com destaque para a ótima harmonização vocal da banda. O público ouviu com muita atenção temas como *Y Las Aves Vuelan* e *Tema de Goro*, ambos do primeiro disco da banda.

César Camargo Mariano & Cia deu "um banho de jazz-rock", segundo o Jornal de Música (No. 34, setembro de 1977). "Com seu mellotron, acompanhado pelo excelente grupo, soube convencer o público e mostrar um som elaborado, com requintes e muita improvisação", sentenciou a revista.

Nito Mestre y Los Desconocidos de Siempre.
Foto promocional cedida por Sérgio Magrão.

César Camargo Mariano & Cia.
Foto promocional cedida por Sérgio Magrão.

Arnaldo e Patrulha do Espaço.
Foto promocional cedida por Sérgio Magrão.

O show prosseguiu noite à dentro. E quem levantou o público foi o Crucis, com seu rock progressivo, volumoso, denso. Saíram ovacionados. Quem também aplaudiu muito a banda argentina foi Magrão, encantado com o show dos argentinos. Nós encerramos o espetáculo em plena madrugada.

A trupe repetiu a dose em Belo Horizonte antes de seguir para a Argentina, onde faríamos duas apresentações, uma em Rosário e outra em Buenos Aires, finalizando então a série de shows do I Concerto Latino-Americano de Rock.

Viajamos para lá pela LAP (Linhas Aéreas Paraguaias), apoiadora do evento. Fizemos uma longa escala em Assunção. A LAP certamente foi a companhia que ofereceu os melhores preços, afinal o rock sul-americano ainda era o primo-pobre, sem dinheiro para o glamour dos voos e das linhas mais nobres. Por isso, a escala na capital paraguaia.

Tocamos em Rosário e depois no monumental Luna Park, em Buenos Aires. Casa de grandes espetáculos da música e dos esportes. Foi no Luna Park, por exemplo, que em 1964 o pugilista brasileiro Fernando Barreto tornou-se Campeão Sul-americano dos Peso-Médios ao derrotar o argentino Hector Mora.

O evento no Luna Park ocorreu no dia 28 de outubro. E teve início com o bardo León Gieco, seguido por Nito Mestre y Los Desconocidos de Siempre, ambos muito aplaudidos pelo público argentino. Nito e León, que voltara ao palco para cantar um número com Nito, explicaram que foram muito bem recebidos no Brasil e que gostariam que a plateia também nos recebesse bem.

Entramos no palco ansiosos e apreensivos, sem saber o que nos aguardava. No entanto, o ritmo e o balanço de nossas novas composições acabaram agradando o público. No entanto, uma delas, *Barco de Pedra*, era calma e reflexiva. A linda canção conquistou aplausos quando nosso vocal entrou claro e límpido, criando um clima onírico afinado com o surrealismo de sua letra: *Deixe o barco de pedra / enca-*

Crucis.
Foto promocional cedida por Sergio Magrão.

lhado na rua / numa praia sem mar. Os aplausos, no meio da canção, serviram de alívio para Magrão e para o restante da banda.

Já na metade final, recorremos ao repertório dos discos *Criaturas da Noite* e *Casa Encantada*, com aplausos escassos aqui e ali. Para o crítico Claudio Kleiman (Expreso Imaginário, No. 17, de dezembro de 1977), faltou o elemento brasileiro no nosso rock, o que, na opinião dele, teria feito a diferença.

O Crucis encerrou a festa mostrando *Los Delírios Del Mariscal*, seu último LP, para delírio dos seus fãs argentinos que lotaram o Luna Park.

Com relação ao evento em si, a revista Pelo (No. 21, 1977) ressaltou que, "além de um vibrante espetáculo, o encontro no Luna Park marcava o início de um intercâmbio do rock sul-americano", o que, infelizmente, não veio a se confirmar.

Mudança de Tempo

Os primeiros sinais do novo som d'O Terço chegaram ao público através de um compacto simples que a Copacabana mandou para as lojas naquele mês de outubro. Emparelhava duas canções assinadas por Cezinha – *Amigos* e *Barco de Pedra*. Cada uma apontando numa direção. *Amigos* é suingada, faz a gente querer chacoalhar o corpo e acompanhar o ritmo com os pés. O vocal é de Cezar. Já *Barco de Pedra* caminha em direção oposta. É suave, idílica, mágica. A voz envolvente de Moreno, apoiada pelas vozes de Marisa Fossa e Marcinha, é puro enlevo. Como diz a canção, *que os ventos nos levem / pra longe da terra.*

Infelizmente, a cantora Marisa Fossa nos deixou prematuramente, em dezembro de 2010, atropelada quando andava de bicicleta em Maricá, RJ. Contudo, sua voz segue viva em discos do Erasmo

Carlos, Ritchie, Tim Maia, Roberto Carlos e Sá & Guarabyra, entre muitos outros, incluindo-se aí o único LP lançado pelo Bando, grupo do qual fez parte no fim da década de 60. Marcinha, que dividiu os vocais de apoio com Marisa, era mulher do Pedro Baldanza, baixista do Som Nosso de Cada Dia. Aliás, alguns figurinos que usávamos foram desenhados por ela.

Essa amostra do novo estilo do quinteto, exemplificada pelo compacto, criava expectativas em relação à *Mudança de Tempo,* nosso quinto LP, cujo lançamento só ocorreria na última semana de março de 1978, coincidindo com a mudança de estação e com a temporada de shows d'O Terço no Teatro Tereza Rachel, no Rio. O pontapé inicial da turnê homônima que prometia passar por Curitiba, Porto Alegre, interior de Minas e Goiânia.

Mudança de Tempo também trazia embutido outros sinais de alterações que marcaram a história do grupo naquela fase. E não apenas estéticas. De imediato, nota-se a ausência do nome de Mário Buonfiglio na ficha técnica do

disco, bem como no panfleto de divulgação do show no Rio. Embora ainda houvesse ligação profissional entre a banda e o empresário, a relação entre eles se desgastara. E por conta de divergências, o rompimento entre ambas as partes se tornou, na visão da banda, inevitável. Mas isso só ocorreria algum tempo após o lançamento do disco, com a banda então assumindo as rédeas de sua própria carreira. O que se repete no panfleto de divulgação do show no Rio. O fato é que a relação da banda com ele se rompeu por conta de divergências. Com isso, passamos a nos autogerir.

Quanto às fotos que ornamentam a capa dupla do LP, foram feitas no Pico do Jaraguá, em São Paulo, para onde Zé De Boni, o fotógrafo, carregou toda a banda. É ele quem conta:

> *Quando recebi a tarefa de fazer a capa do álbum "Mudança de Tempo" eu era um fotógrafo estudioso, mas de pouca experiência profissional. A escolha foi feita mais pelo conhecimento que a Laura de Nigris, namorada do Magrão na época, tinha de mim, sabendo que podia contar com certo talento e seguramente com o trabalho gratuito.*
>
> *Fiquei com liberdade para compor a série de três imagens para a capa, parte interna e contracapa. A Laura cuidou da produção, inclusive sugerindo locações.*
>
> *O cenário escolhido para a sessão de fotos foi o alto do Pico do Jaraguá, para onde transportamos a janela criteriosamente escolhida. Havia um carrinho elevador para portá-la morro acima, mas para o cenário escolhido ainda tinha uma boa trilha rochosa para percorrer, mas o peso e tamanho da peça exigia uma turma muito maior do que os dois encarregados do transporte da peça.*
>
> *Então sobrou para os músicos. Vexame meu, que nunca esqueço, embora tivesse a desculpa de estar fazendo o trabalho gratuitamente.*

Foto de Zé De Boni.

Magrão e Sergio no Pico do Jaraguá.
Foto de Zé De Boni.

Sempre considerei o resultado da sequência um pouco ingênuo, mas a capa é uma foto sublime e muitíssima bem resolvida.

Com relação às demais mudanças, elas ocorreram sobretudo nos sulcos do disco.

Estamos assumindo uma música mais Brasileira. (...) É um som urbano com influências das rádios, do xaxado, dos blues da vida.
(Sérgio Caffa, O Globo, 27 de março de 1978)

De fato, o que se ouve em *Mudança de Tempo* é bem diferente daquilo que ouvimos tanto em *Criaturas da Noite* quanto em *Casa Encantada*. Em primeiro lugar, o piano de Sérgio Caffa dá um colorido sonoro distinto ao disco. Algumas vezes é ele quem aparece em primeiro plano, conduzindo o tema. Além disso, há passeios por territórios até então inexplorados pela banda, como o baião (*Não Sei Não*) e o blues (*Blues do Adeus*). A agulha também percorre o som funkeado de *Minha Fé*, com a participação da cantora Rosa Maria, e o habitual rock rural em *Gente do Interior*, com o belo arranjo orquestral do maestro Rogério Duprat. Como já dissemos anteriormente, do prog rock não restou quase nada.

Lançado pela Copacabana, através do selo Underground, *Mudança de Tempo* não repercutiu como os dois discos anteriores. E para piorar, o momento tampouco ajudava. Nas rádios, a *disco music* seguia em alta. Números como *Dancing Days*, com as Frenéticas, e *How Deep is Your Love* e *Night Fever*, com os Bee Gees, *Don´t Let Me Be Misunderstood*, com Santa Esmeralda, e *Boogie Oogie Oogie*, com A Taste of Honey eram tocadas repetidamente. E também eram apostas certas nas casas noturnas da cidade. No pop brasileiro, o que mais se ouviu foi a voz de Caetano Veloso, seguido de perto por Chico Buarque e Milton Nascimento. Já ao final do ano, o inevitável disco de cantor Roberto Carlos trouxe para o mundo *Café da Manhã*, outro hit do qual ninguém escapou.

Teatro Bandeirantes, 1977. Foto de Zé De Boni.

No terreno devastado do rock brasileiro, 1978 foi o ano de despedida dos palcos dos Mutantes, d'A Bolha, do Veludo, do Vímana, do Som Nosso de Cada Dia e dos Novos Baianos. Os últimos chegaram a lançar um compacto duplo no início de 1979, sob o nome de Trio Elétrico Novos Baianos, contendo obviamente números condizentes com o estilo. Mas, o canto de cisne da banda foi mesmo o álbum *Farol da Barra,* do ano anterior.

Também é de 1978 o álbum *Paulicéia Desvairada*, dos remanescentes Made in Brazil. Entretanto, levariam mais três anos para editarem seu próximo disco. Aos trancos e barrancos O Terço ainda tentou manter-se de pé, geridos por mim e pelo Magrão.

Nesse ínterim, fomos parar em Goiânia. Faríamos duas apresentações, a primeira no maior ginásio da cidade, a outra, no salão de um clube.

À parte as regiões Sul e Sudeste, o restante do país ainda era área virgem para nós. Talvez para o rock, de modo geral. Só viajava por todo o país o artista já consagrado, com sucessos no rádio e aparições frequentes na televisão. Para estes, havia sempre um público ávido por vê-los até nos mais remotos recantos do país. Agora, uma banda de rock!

Portanto, nos surpreendemos com a recepção que tivemos assim que desembarcamos no aeroporto de Goiânia. Do lado de fora, um punhado de gente em carros e motos nos aguardava. Ora, nos sentimos como os Beatles desembarcando nos Estados Unidos em 1964. Mais ou menos, vai. Depois, nos escoltaram até o nosso hotel. Uma espécie de motel de beira de estrada nada especial. Talvez mais apropriado para artistas de segunda categoria, não para nós, "astros do rock", recebidos por uma caravana simpática e alegre.

Dia do show. Uma van nos pegou no hotel e ao chegarmos ao ginásio já deu pra ouvir o burburinho no seu interior. Repleto de gente. Todos os ingressos vendidos, produtor local feliz, sorrisos por todos os lados. Depois de nos anunciarem, entramos no palco sob intensos aplausos. Nos posicionamos com nossos respectivos instrumentos, olhamos um para o outro e fizemos *1974* soar nas caixas de som e no PA do ginásio.

Nosso longo tema instrumental funcionava muito bem como número de abertura nas nossas apresentações. O número se estende por mais de 15 minutos, e é recheado de momentos apoteóticos, que instigam o público a reagir com aplausos. Mas aqui, em Goiânia, nada. A música prossegue, ganha intensidade, se acelera e, de repente, parece que chega ao final. Ficam os teclados. Volta o baixo, a bateria, o som ganha peso novamente e a plateia, nada. O tema finalmente chega ao fim. Um final grandioso. Olhamos para o público e nada. Só silêncio. Um silêncio atordoante. Viro para o Magrão e digo: – *ataca de "Hey Amigo"*, que era nosso principal grito de guerra, nossa música mais conhecida. Magrão acionou o baixo TU-TUN, TU-TUN, TU-TUN, TU-TUN, TU-TUN, TU-TUN... e o público não esboçou qualquer reação. Ao final, só ouvíamos gritos de *toca carimbó! toca carimbó!* até que o ginásio inteiro passou a gritar em coro *toca carimbó! toca carimbó! toca carimbó!...*

Resumindo, o show foi arrastado até o final. Logo percebemos, que o público não tinha muita noção de quem éramos. A propaganda maciça do show não nos definia como artistas de rock. O público que foi nos assistir, carente de grandes espetáculos, entrou na onda do marketing e acreditou que éramos novos astros do carimbó, o ritmo do momento na região. Ou seja, aquela recepção calorosa na nossa chegada não foi exatamente para O Terço. Ela teria acontecido do mesmo jeito com qualquer artista que viesse de fora, tamanha a propaganda que fizeram do show.

Evidentemente, a repercussão de nossa apresentação foi a pior possível. Ninguém nos escoltou de volta ao hotel, o clube cancelou nossa apresentação e voltamos arrasados para São Paulo.

O desalento se abateu sobre a banda. Embora tenhamos participado da faixa *Respire Fundo*, do disco de mesmo nome do Walter Franco, não fomos suficientemente capazes de suprir a falta de um empresário criativo e dinâmico como o Mário. Em meio àquela nuvem que encobria o futuro d'O Terço, enfraquecendo nosso ímpeto para mantê-lo em ação, fomos naturalmente nos desligando uns dos outros, passando então a cuidar de nossos próprios interesses pessoais em detrimento do grupo.

Ainda nos primeiros meses de 1979, o jornalista Walmir Medeiros de Lima, em matéria intitulada "Rock no Brasil, para onde vai?", publicada na revista Música (No. 31, 1979), escreveu: "Bons e saudosos tempos aqueles de há três anos, quando, em um fim de semana, podíamos escolher entre ir ao show da Rita Lee, dos Mutantes, do

137

Terço, ou ainda do Made In Brazil. Isso sem contar com a infinidade de grupos underground fazendo seu som nos teatros e ginásios da periferia."

E mais adiante, disse: "O Terço teve seu último momento como grupo durante o show de despedida no Anhembi, com a participação de todos que já o integraram." E prosseguia: "Kafa (sic) está dando andamento ao projeto de bar que pretende abrir em São Paulo, com música ao vivo. O baterista Moreno, ao menos no início, participará de gravações como músico *free lancer*. O baixista Magrão e o tecladista Flávio Venturini já estão com a fita gravada para um elepê que deverá ser lançado no final de maio." Quanto a mim, disse que eu estava pilotando aviões.

PARTE 4
As Múltiplas Faces d'O Terço

Pop

Para se manterem vivos na alma dos brasileiros, naquele ano de 1979 ainda dominado pela *disco music*, alguns dos maiores nomes da MPB deram uma guinada na direção do "pop", ou da música mais comercial, como escreveu André Barcinski em seu livro "Pavões Misteriosos: 1974-1983: A Explosão da Música Pop no Brasil" (BARCINSKI, 2014). Bastava sintonizar o rádio para ouvir *Lua de São Jorge* (Caetano Veloso), *Salve Simpatia* (Jorge Ben), *Força Estranha* (Gal Costa), *O Bêbado e a Equilibrista* (Elis Regina), *Realce* (Gilberto Gil) ou ainda *Noturno* (Fagner), todas extraídas de seus respectivos LPs, lançados naquele ano.

Evidentemente, o "pop" na música brasileira não era nenhuma novidade naquela época, mas no caso de artistas mais conectados com rock essa guinada pop serviu como tábua de salvação de suas respectivas carreiras. Rita Lee dispensou o Tutti Frutti e sua veia mais roqueira para alcançar as massas no embalo dos megassucessos *Chega Mais* e *Mania de Você*. Se o gueto do rock brasileiro perdia sua rainha, o Brasil inteiro ganhava uma grande artista.

Com Pepeu Gomes e Baby Consuelo (depois Baby do Brasil) aconteceu basicamente a mesma coisa. Para se reinventarem e assumirem uma postura mais comercial, aposentaram Os Novos Baianos, que se repetiam em velhas e desgastadas fórmulas, trocaram os modelitos, encheram os cabelos de cores e purpurinas e saíram confiantes em busca do sucesso. E eles vieram, começando com *Menino do Rio*, que a voz doce de Baby transformou num estrondoso êxito de Norte a Sul do país.

No entanto, no terreno fértil, rico e diversificado da música popular brasileira dos anos 1970, o rock com cara de bandido ficou mesmo relegado ao gueto no qual surgiu, cresceu, amadureceu e desapareceu. Ou como diz Ricardo Alexandre em "Dias de Luta" (ALEXANDRE, 2002), "do rock nacional dos anos 70, pouca coisa chegou ao grande público, como os Secos & Molhados ou Rita Lee". De forma que o salto do rock para o colo das massas só foi possível depois que o pop brasileiro pavimentou o caminho até o início dos anos 80, quando enfim o rock brasileiro alcançou a tão desejada fama, transformando-se num fenômeno popular que se espalhou pelos mais remotos recônditos do país.

****

Eu não fui pilotar aviões, como disse a revista. Por mais que gostasse de voar, não passava pela minha cabeça aposentar a minha guitarra. Tampouco me afastar da música. Em maio, lá estávamos eu e ela engrossando a banda do cantor Walter Franco, junto com Luís Moreno (bateria), Sérgio Magrão (baixo), Constant (piano) e Dinho (percussão). Fizemos uma curta temporada de shows de lançamento de *Respire Fundo,* e uma das escalas foi no Teatro Tereza Rachel, no Rio.

Magrão, contudo, já estava com a cabeça em outro lugar. Numa velha e pioneira aeronave. Quer dizer, na banda formada por Flávio Venturini, por seu irmão Cláudio, na guitarra, pelo tecladista Vermelho e pelo baterista Heli, os dois últimos, ex-integrantes da banda baiana Bendegó. Magrão fora convocado por Venturini. Gostou do que ouviu e uniu-se a eles para fazer a tal banda voar o mais alto possível. Chamava-se 14 Bis.

O fato é que depois de ter participado das gravações do primeiro disco solo de Beto Guedes, *A Página do Relâmpago Elétrico,* Flávio fora convidado a gravar um disco solo para a EMI-Odeon, mas contrapropôs gravar um disco com a banda que estava formando. Daí ter convocado Magrão em São Paulo para completar a formação do 14 Bis.

O primeiro voo da nova banda de Flávio e Magrão se deu através do autointitulado LP, *14 Bis*, que chegou às lojas no segundo semestre de 1979. Logo depois, a pioneira aeronave aterrissou no palco do Teatro Ipanema, no Rio, em 23 de novembro de 1979, onde o público pode curtir o som suave e cheio de ecos das criações da turma do "Clube da Esquina". Vale registrar que o disco foi produzido por Milton Nascimento e inclui uma faixa assinada por ele e por Fernando Brant (*Canção da América*). Portanto uma legítima representante do "Clube da Esquina".

Moreno também procurou outro caminho, indo se abrigar na banda de Elis Regina. Eu ainda cheguei a participar de mais alguns

14 Bis. Foto promocional cedida por Sérgio Magrão.

shows do Walter, como o que ocorreu no Clube Juvenil, em São Paulo, no dia 10 de agosto e que já tinha até outro nome: "Coração Tranquilo". Mas por essa época, eu já havia começado a gravar meu primeiro disco solo. O produtor musical Romeu Giosa, conhecido de Walter, me levara para a CBS e ele mesmo assumira a direção artística do disco, cujo lançamento ocorreu antes do Natal de 1979.

Flávio Venturini, Magrão e Sérgio Caffa estão entre os músicos que me ajudaram a dar vida a *Sergio Hinds,* disco que considero um equívoco em minha carreira. Ao enveredar pelo pop, o temperei com pitadas de samba, reggae, soul e um pouquinho só de rock. Tudo junto e misturado. De fato, o surdo, o ganzá, o tamborim, o a-go-go e até a cuíca, entre outros instrumentos de percussão, dão o tom do disco. Nessa linha, aproveitei para desencavar uma antiga composição assinada por Jorge Amiden, Vinícius Cantuária e por mim: *Oscar.* A ritmada música é uma dessas misturas meio indefinidas. Algo entre o samba e o soul, que usei como faixa de abertura do lado 2 do disco.

As escapadas do clima geral e dominante do disco ficam por conta do número instrumental *Tributo a Rogério Duprat*, com arranjo do próprio maestro, e da revisitada *Tributo ao Sorriso.* Moreno também está presente no disco, não como músico, mas como compositor. Ele assinou comigo a canção *Amigo de Esquina.*

> *Espanto! É a primeira impressão de quem começa a ouvir o disco de estreia do guitarrista Sergio Hinds. (...) Quando se prepara o ouvido para raios de cortante guitarra, ouve-se surdo, apito e tamborim.*
>
> *Tonto, você se surpreende sentindo samba... mas vê que não é samba, nem conga... e nota que se parece também com reggae, mas que não é reggae. (...) O guitarrista aqui foi encostado, cerceado apenas por algumas parcas intervenções...*
>
> **Diário do Paraná, 03 de fevereiro de 1980**

Lancei o LP no Teatro Brigadeiro. Foram cinco apresentações, de 12 a 16 de dezembro de 1979, sob a direção de Daniel Haar. Coincidentemente, quem também teve um disco lançado em 1979 foi Cezar de Mercês. O LP *Nada no Escuro,* com a participação de Sérgio Caffa no baixo, chegou às lojas através do selo Epic. Também era seu primeiro LP solo.

O fim da década coincidia com fim de uma fase de muita atividade na trajetória d' O Terço. De 1970 até 1979, ainda que com algumas mudanças em sua formação, O Terço manteve-se sempre atuante. Participamos de festivais importantes, lotamos teatros e ginásios Brasil a fora e chegamos a nos apresentar no Luna Park, em Buenos Aires, ao lado de nomes de primeira linha do rock platense. Nesse período, também lançamos cinco LPs, incluindo um dos discos mais reverenciados do rock brasileiro, o consagrado *Criaturas da Noite.* No entanto, a partir dos anos 1980 a trajetória da banda se tornaria tão errática quanto sua própria formação, como veremos adiante.

Som Mais Puro

Em 1983, a "Vanguarda paulistana" já mostrara suas credenciais via Arrigo Barnabé e Itamar Assumpção, enquanto o niilismo e a rebeldia do movimento punk, surgido nas periferias, já se espalhara por toda a Grande São Paulo. Seus mensageiros: Condutores de Cadáver, Cólera, Restos do Nada, Lixomania, Decadência Social, Ratos de Porão e Inocentes, entre outros. Do Rio, a Blitz já tinha feito o Brasil inteiro cantar *Você não Soube me Amar*. O Circo Voador, depois de uma breve existência no Arpoador, encontrara repouso na Lapa e a Rádio Fluminense, "A Maldita", escancarava seu dial para as novas bandas do cenário alternativo do pop/rock brasileiro.

Pois em meio a esse caldeirão de acontecimentos, o 14 Bis, de Venturini e Magrão, começava a planejar seu quinto LP (*A Idade da Luz*) enquanto eu tratava de ressuscitar O Terço. Quer dizer, "ressuscitar" não é a palavra correta, já que a banda nunca deixou de se manter viva na minha cabeça. Mas para que ela deixasse o confinamento em que se encontrava e se materializasse diante do público, contei com a ajuda do tecladista Ruriá Duprat, do baixista Zé Português e do baterista Franklin Paolillo, este com passagens pelo Tutti Frutti, Made in Brazil e Joelho de Porco.

Nesse processo de materialização da banda, a gravação de um disco tornou-se indispensável. Afinal, teríamos um forte motivo para voltarmos a atuar. Pois bem, assinamos um contrato com a WEA e fomos gravá-lo nos estúdios da RCA, em São Paulo. Além de nós, da banda, participaram das gravações do disco Dinho Nascimento (percussão), Paulinho Costa (vocal), Serginho Papagaio (vocal e violão) e nosso querido Vinícius Cantuária (vocal e violão). Algum tempo depois, o *Som Mais Puro* chegava às principais lojas de discos do país através do selo Elektra, o mesmo que lançara os discos de The Doors nos Estados Unidos, nos anos 60.

No repertório, estão três canções que eu e Vinícius Cantuária compusemos exclusivamente para o disco (*Linda Imagem, Coração Cantador* e *Nunca Duvidar*); uma que resgatei do antigo baú d' O Terço (*Tambores da Mente*, minha do Cantuária e do Jorge Amiden); um número instrumental que nós costumávamos tocar nos idos de 75-76 (*Suíte,* de Venturini); e, finalmente, três músicas que assinei sozinho (*Viajante Relógio, Asa Delta* e a instrumental *Luzes*).

Som Mais Puro tem o viés notadamente pop. Se o festivo refrão de *Asa Delta* fosse cantado pelo Roupa Nova, por exemplo, ninguém estranharia. Mas o disco também traz no seu bojo uma aproximação com o lado prog d'O Terço em sua versão 75-76, época do Flávio. *Suíte,* já citada acima, se enquadra nesse caso. Já em *Tambores da Mente,* é o som das guitarras que anuncia sua chegada e que a põe na direção do rock. Mas longe de ser um "rock pesado", como a definiu o Diário de Pernambuco (25-07-1983). O mesmo termo empregado pelo jornal Última Hora (27-07-1983) ao dizer que o disco mistura "música romântica" e "rock pesado". Mais para um *power-pop* do que para um Deep Purple, eu diria.

Os shows vieram, e o primeiro deles foi especial, pois teve a mão de uma conhecida produtora de eventos, a Miksom. De imediato, o local escolhido foi o Ginásio do Ibirapuera. Uma escolha grandiosa para uma banda completamente reformulada e que reaparecia depois de alguns anos adormecida. Além disso, a Miksom teve a ideia de celebrar o lançamento do nosso disco criando uma festa temática, que revolvia sobre "o mundo das mágicas". Ou seja, seria um show "em clima de magia", como informava a Folha de São Paulo (20-08-1983). Do cenário ao próprio roteiro do show, já que seu andamento seria permeado, entre outras coisas, por números de mágica. Tudo isso numa ambientação feérica à custa do emprego de 140 toneladas de equipamentos de som e luz, incluindo projeção de raio laser. Nesse clima lúdico, e no sentido metafórico, O Terço tiraria da cartola o seu *Som Mais Puro*.

Passava das 21 horas do dia 20 de agosto, quando entramos no palco através de um baú mágico. Cada um de nós trajando um figurino especialmente desenhado para a ocasião. Em meio a muita fumaça, e sob iluminação especial, Eu, Ruriá, Zé Português (Joe Portubass) e Franklin, além de Papagaio, agora integrado à banda, e o percussionista Dinho Nascimento, fomos saudados por cerca de 6000 pessoas naquela noite de sábado. Um alento para nós que estávamos há tanto tempo fora da mídia. Papagaio foi inclusive anunciado como o novo vocalista d'O Terço, embora eu e ele dividíssemos os vocais. No palco, uma das coisas que chamava a atenção do público eram as cartas de baralho que decoravam suas laterais e cujos naipes mudavam ao longo do show. Outra atração eram os números de mágica apresentados por um profissional com sua cartola, seu fraque e sua varinha mágica. Ele surgia entre as músicas, apresentava alguns números e saía. Interagimos com ele em alguns desses momentos, mas também apresentamos alguns truques sem o seu envolvimento. Truques que ele obviamente nos ensinara nos camarins, antes do início do show.

Foto A. Freitas.

O impacto visual do espetáculo, dirigido e apresentado pelo saudoso Miele, foi de fato uma atração à parte. Num dado momento, por exemplo, todas as luzes se apagavam enquanto eu fazia um solo numa guitarra que, por ser de neon, era a única coisa que se via reluzindo no palco. Além disso, teve muita pirotecnia, explosões, fumaça, projeções espetaculares de raios laser resultando em momentos de grande impacto visual.

Foto A. Freitas.

Apesar de toda a grandiosidade do show que marcava nossa volta aos palcos no rastro de um novo disco, os ares eram outros. O que se ouvia era o pop da Blitz, do Lulu Santos, do Ritchie e do Kid Abelha e Os Abóboras Selvagens. Ouvia-se também o rock do Barão Vermelho, a new wave da Gang 90 e muito Michael Jackson. Mesmo assim, conseguimos nos colocar lado a lado com essa turma que veio pintar com novas cores o cenário do pop/rock brasileiro. A turma dos

Anos 80, ou do BRock, como cunhou a expressão o jornalista Arthur Dapieve.

Nessa onda, fomos parar em Brasília para participar do evento chamado Rock Way II, junto com Lulu Santos, Roupa Nova, Robertinho do Recife, Raul Seixas, Paralamas do Sucesso, Magazine, Luiz Guedes e Thomas Roth, A Cor do Som, Aço Blindado, Malas e Bagagens e o cantor Guilherme Lassance. Os três últimos, representantes do rock brasiliense. Mais de vinte mil pessoas ocuparam as dependências do Ginásio do Centro Desportivo Presidente Médice. Naquele domingo de 27 de novembro de 1983, os shows tiveram início às 15 horas, e quando A Cor do Som entrou no palco já passava de uma hora da manhã.

O ano de 1984 avançava, quando Ruriá Duprat precisou viajar até os Estados Unidos para garantir uma bolsa de estudos que ganhara da Universidade da Califórnia, em Berkeley. Sem ele, fizemos uma aparição no programa de TV da Hebe Camargo, mas logo a banda se recompôs novamente.

Em 26 de maio de 1984, tocamos numa pequena casa de shows chamada Rádio Clube, localizada na Rua Pedroso de Moraes, em Pinheiros. Um contraste com o show que fizemos em seguida na Praia do Gonzaga, em Santos, onde tocamos para milhares de pessoas. O espetáculo ao ar livre tinha como principal atração o grande Tim Maia, razão principal daquela multidão ali reunida. Queriam vê-lo soltar seu vozeirão para com ele cantar versos como *vou pedir pra você ficar / vou pedir pra você voltar / eu te amo, eu te quero bem...*

Segundo Papagaio, fizemos um ótimo show e chegamos de volta a São Paulo quase na manhã do dia seguinte. Mas como Ruriá teria que viajar novamente, acabei dispensando o Papagaio da banda. "Pois é, e fui acordado com uma ligação do Sérgio me dispensando da banda", conta Papagaio. O fato é que a banda acabou se desmanchando. De forma que a bandeira d'O Terço que eu tentava manter hasteada desceu à meio-mastro. Ou melhor, O Terço voltou a hibernar na minha cabeça.

Ainda em 1984, Papagaio lançou um disco cujo título pegou emprestado de sua banda, *Paparock*. Lançado através do selo Som Art, o LP traz entre suas oito músicas, uma assinada por ele e por mim, chamada *Quanto Mais Quente Melhor*. Além de cuidar de sua banda, Papagaio também passou a operar a mesa de som do 14 Bis.

Mar

Senti-me caminhando contra o vento, sem lenço e sem documento, como diria mestre Caetano. Mas como a vida segue, acabei me envolvendo com música eletrônica. Synths, digital samplers e bateria eletrônica passaram a fazer parte do meu universo particular. Pouco tempo depois do fim da última formação d'O Terço, lá estava eu de volta aos palcos. Junto com o tecladista Júlio Moschen. Formamos um duo de música eletrônica experimental, chamado Raio Laser. O duo se desfez depois de algumas apresentações, mas eu segui desenvolvendo esse trabalho que acabou se transformando no álbum *Mar*, lançado em 1986 pelo selo Fluir, da revista de mesmo nome dedicada ao surfe. E "mar" tem tudo a ver com surfe, não é verdade?

Em *Mar*, eu toco todos os instrumentos, com exceção do sax tenor de Wilson Teixeira em *Saxual*. Usei uma guitarra Roland G 707 com GR 700 synthesizer, teclado Yamaha DX 7, digital sampler Akai MD 280 e bateria Oberheim DX. São seis temas instrumentais, todos de minha autoria, que pude mostrar ao público em locais como a Sala Adoniran Barbosa, do Centro Cultural de São Paulo, e o Espaço Mambembe.

Nesse mesmo ano, Cezinha e eu coincidimos nas datas e nos números novamente. Seu Mini-LP, *Luz na Escuridão,* também surgiu no mercado fonográfico em 1986. Como o meu, era seu segundo LP solo, e tanto *Mar* quanto *Luz na Escuridão* saíram exatamente com o mesmo número de faixas: seis.

O Terço novamente

Em 1989, depois de um longo hiato, o empresário Muniz Neto, sócio da minha ex-mulher, Miriam Hinds, e com quem eu dividia um escritório na Avenida Paulista, me estimulou a montar uma nova banda. Garantiu-me que a contrataria para fazer os shows de abertura para as estrelas internacionais que ele eventualmente contratasse. E já tinha engatilhado uma temporada do Uriah Heep no Brasil, com escala em São Paulo, obviamente.

Recrutei Flávio Pimenta, professor de bateria da escola de música Drum, e que já tocara como o Joelho de Porco e com Rita Lee, entre outros, e o baixista Geraldo Vieira, também ocupado em ensinar aos seus alunos os segredos do seu instrumento, além de trazer um currículo igualmente recheado. "Eu não vinha exatamente do rock. Pelo contrário, tinha até uma inclinação mais jazzista. Mas já tinha andado pelo pop, quando toquei com Guilherme Arantes no início dos anos 80. Inclusive defendemos *Planeta Água* no festival MPB Shell de 1981. E pouco antes do convite do Hinds, eu tinha tocado com o Arrigo Barnabé. Era uma música intensa, mas nada a ver com o *power trio*

que Sérgio formava naquele momento. Por isso, fiquei inicialmente ressabiado com o convite", conta Geraldo.

Já com os dois a bordo, batizamos a banda de Pyramid. Afinal, tratava-se de uma experiência nova para a qual só um nome novo me parecia fazer sentido. Por isso, nem pensei em usar o nome de minha velha banda. Deixei O Terço lá, hibernando na minha cabeça.

Geraldo Vieira, Sergio Hinds e Flávio Pimenta.
Foto de A. Freitas.

Os ensaios correram tão bem que rapidamente adquirimos coesão e solidez. Quando subimos ao palco do Olympia para o primeiro de uma série de três shows como banda de abertura do Uriah Heep, estávamos afiadíssimos. E o nosso som, tão sólido quanto uma verdadeira pirâmide. Àquela altura, o Uriah Heep estava completamente desfigurado. De sua formação original, o único remanescente era o guitarrista Mick Box. Contudo, tinha a seu lado o baixista Trevor Bolder, conhecido por suas passagens pela banda de David Bowie e pelo grupo Wishbone Ash. Os velhos fãs do hard rock do Uriah Heep compareceram em peso aos shows que ocorreram nos dias 7, 8 e 9 de julho de 1989.

****

Estava muito satisfeito com a banda. Mas algo não soava bem aos meus ouvidos. Quando nos anunciavam, antes de entrar no palco, sentia uma certa estranheza ao ouvir o nome "Pyramid" sendo anunciado no PA. Afinal, foram mais de 10 anos tocando sob a égide de "O Terço", nome que me pertencia, e com o qual tenho feito história. Então, por que não o trazer de volta, sobretudo no momento em que tínhamos um trio tão bom quanto esse? Foi exatamente o que fiz. Desengavetei o velho epíteto e, pronto, O Terço estava de volta.

Quando tocamos no recém-inaugurado Blue Note Jazz Bar, no Caesar Park Hotel, em 2 de março de 1990, quase dei um sorriso ao ouvir o antigo nome soando nas caixas de som do recinto. O Terço, enfim, estava de volta. Comigo, com Flávio e com Geraldo.

Gravamos o autointitulado *O Terço* nos Estúdios Mosh durante o mês de junho. Seria o primeiro LP do trio, e o sétimo na discografia d'O Terço. Embora eu seja o único remanescente de sua formação inicial e aquele que tem mantido a tocha da banda acesa ao longo dos anos, é evidente que cada formação d'O Terço seguiu por um caminho musicalmente distinto. É o conjunto de seus integrantes que dita sua direção musical. Logo, quando há mudanças profundas em seu alinhamento, o estilo pode derivar por caminhos ainda inexplorados. É o caso desse trio, que se distancia dos trabalhos anteriores d'O Terço. Aqui, mergulha-se na mistura do *hard rock* com o *power pop*. Ou quase heavy metal, se preferirem.

Lançado pela etiqueta Eldorado, o disco também adentra pelo terreno do cover. Um deles, do maluco beleza Raul Seixas. *Meta-*

morfose Ambulante servia como uma homenagem nossa ao roqueiro baiano, com quem tantas vezes dividi camarins e que nos deixara no ano anterior. O outro, *Hey Joe,* fora gravado por incontáveis nomes, de The Leaves a Johnny Rivers, passando por The Jimi Hendrix Experience. O Terço Inclui também um número instrumental – *Girando Lâmpada* – que cairia bem em qualquer um dos últimos discos d'O Terço.

Entre outras coisas, o disco também se aproxima da geração dos Anos 80, ao incluir uma canção (*Rap*) de Robertinho do Recife e do paralama Herbert Vianna.

O LP tem até canções bastante acima do nível médio dos mais recentes discos de rock brasileiro. (...) "Girando Lâmpada" é um dos grandes momentos da bolacha, no que combina bem virtuosismo com eficiência. (...)

(Mas) a canção mais curiosa do LP é sem dúvida "Rap", uma parceria inusitada de Robertinho do Recife e Herbert Vianna, que é tocada a caráter.

Heitor Pitombo, Tribuna da Imprensa, 10 de outubro de 1990

O som é sempre pesado, mas o LP apresenta um repertório diversificado.

Além da instrumental "Girando Lâmpada", o disco traz covers de "Hey Joe" (...) e de "Metamorfose Ambulante", (...) recriado pelo trio com um arranjo mais heavy do que o da gravação original, feita em 1974.

Mauro Ferreira, O Globo, 27 de outubro de 1990

Metamorfose Ambulante conquistou as rádios de São Paulo na mesma medida que O Terço conquistava o público que foi assisti-lo no Aeroanta, em 27 de novembro. Também é digno de nota, o show que reuniu O Terço e o Asia, nos dias 12 e 13 de abril de 1991, no Dama Xok. O Asia surgiu em 1981, formado por ilustres veteranos do rock progressivo inglês: o guitarrista Steve Howe (Yes), o baixista John Wetton (King Crimson), o baterista Carl Palmer (Emerson, Lake & Palmer) e o tecladista Geoff Downes ((Yes).

Time Travellers

O amigo Alberto Venasco, dono de um selo internacional chamado Record Runner, me sugeriu gravarmos um disco visando o mercado europeu. No entanto, seria necessário, segundo ele, adicionar um tecladista à banda, de modo que pudéssemos explorar uma sonoridade mais condizente com o rock progressivo. Chegamos a nos apresentar com um tecladista, o Quiuzi, no programa do Serginho Groisman, quando ainda era no SBT. Mas nossas opiniões, n'O Terço, foram divergentes. Flávio e Geraldo não se animaram muito com a ideia de uma eventual mudança de direção musical da banda. O impasse me empurrou para longe dos meus companheiros, seduzido pelo desafio de gravar um disco de rock progressivo com intuito de conquistar algum espaço na Europa.

Portanto, fui sim, culpado pela separação. E também acho que não agi corretamente. O trio era excelente e estávamos atravessando um bom momento. Chegamos a ir até Manaus, embora tenha sido uma *gig* que não deu certo, ao contrário do excelente show que fizemos em Guarujá, em meio a tantos outros e que nos levou a tantos lugares. Felizmente, hoje, Flávio, Geraldo e eu somos amigos e temos alguns planos para o futuro.

****

*Luiz De Boni, Franklin Paolillo, Andrei Ivanovic e Sergio Hinds.
Foto de Zé De Boni.*

Luiz De Boni, o tecladista, recomendado pelo Alberto, se tornou meu principal parceiro nesse projeto. Junto conosco, o baixista Andrei Ivanovic e meu companheiro do *Som Mais Puro,* o baterista Franklin Paolillo.

Gravamos *Time Travellers* no estúdio do De Boni (DBS), entre agosto e setembro de 1992. Todo em inglês, para facilitar sua aceitação no exterior. Chegou ao mercado brasileiro antes do final do ano. Quanto à sua trajetória no exterior, ocupou no máximo um reduzidíssimo espaço nas bancadas e prateleiras de algumas poucas lojas.

Levamos *Time Travellers* para os palcos antes mesmo de seu lançamento. E uma dessas apresentações aconteceu no Canecão, no Rio, quando fizemos o show de abertura para os ingleses do Marillion, em 7 de outubro de 1992. O Marillion já não tinha mais seu cantor original há muito tempo. O homem de frente agora era Steve Hogarth.

Foto de Zé De Boni.

Mas o fato é que os melhores dias da banda inglesa já haviam ficado para trás, na época do seu vocalista Fish. O crítico do Jornal do Brasil, Pedro Só, não foi condescendente com os ingleses nessa sua segunda visita ao Brasil. Em sua crítica publicada no JB (09-10-1992), atribuiu a classificação de "ruim" ao show do Marillion.

Quanto a nós, d'O Terço, chegamos numa limusine branca no Canecão. Na verdade, era de um amigo que patrocinava a Equipe Hollywood de Jet-ski, e da qual eu participava. Ao saber que tocaríamos com o Marillion, disse: "eu levo vocês na limusine." Só não poderíamos prever que a bateria do carrão arriaria na hora da saída do show. Quando o pessoal do Marillion saiu e nos viu na limusine, enguiçada, de capô aberto, foi zoação direta.

Live at Palace

Meu retorno ao prog rock trouxe à tona um sonho que eu já acalentava há muito tempo: o de me apresentar acompanhado por uma orquestra sinfônica. Tanto que tenho especial lembrança das apresentações d'O Terço no Maracanãzinho, quando fomos acompanhados por uma grande orquestra em duas edições distintas do Festival Internacional da Canção.

Como já havíamos rodado o suficiente com *Time Travellers,* achei que chegara a hora de transformar aquele sonho em realidade. Ou seja, unir a banda a uma orquestra, ainda que fosse para uma única apresentação.

Meu primeiro passo foi pedir a meu querido e saudoso amigo Rogério Duprat para ser o arranjador. Embora estivesse com sua surdez em estágio avançado, aceitou meu convite sem pestanejar, o que me deixou muito feliz. Mas por conta de sua deficiência auditiva, tivemos que contar com a ajuda de Ruriá Duprat para assessorá-lo nesse processo. Em seguida, consegui o sim do notório maestro e arranjador Júlio Medaglia. Ele seria o maestro-regente. E através de sua sugestão, cooptamos a Orquestra Sinfônica Juvenil do Estado de São Paulo, que era dirigida pelo Maestro João Maurício Galindo.

Como o espetáculo seria gravado ao vivo para eventual lançamento em CD e DVD, escolhemos o Palace, uma casa de shows, localizada em Moema, com todas as condições necessárias para a gravação de um espetáculo desse porte.

Depois de muitos ensaios, pequenos ajustes e muita ansiedade, mostramos o resultado dessa união na noite do dia 13 de outubro de 1994. Casa cheia. Muitos aplausos. Ao final, a satisfação pela realização de um sonho.

O Terço no Palace.
Fotos de Zé De Boni.

O Terço no Palace.
Fotos de Zé De Boni.

A gravação ao vivo do espetáculo veio à tona apenas em CD. Primeiramente, via Movie Play, depois através do selo Record Runner. Curiosamente, o segundo lançamento traz uma música a mais – *Hey Joe*. Ambos intitulados *O Terço Live at Palace*. No repertório, temas do recente *Time Travellers* (1993), do *Som Mais Puro* (1983), de *O Terço* (1990) e do *Criaturas da Noite* (1975), além de uma adaptação que eu e De Boni fizemos de *Suíte*, do Venturini. Embora não tenha saído em DVD, o vídeo encontra-se disponível no You Tube.

Depois do Palace, ainda fizemos mais uma apresentação com a orquestra. Foi em Caraguatatuba, ao ar livre, sobre um palco montado na praia. Uma promoção da prefeitura local. Dessa vez, na ausência de Júlio Medaglia, coube ao maestro João Maurício Galindo a regência da orquestra.

Ao fim dessa fase, seguimos Franklin, De Boni, eu e Andrei apresentando o repertório do CD *Live at Palace* em curtas temporadas, como a que fizemos no Mistura Fina, no Rio, entre os dias 2 e 4 de março de 1995, e, em maio, no Sesc Paulista. Mas a possibilidade de realização de um novo projeto faria O Terço dar uma nova guinada estética, resultando em mais uma reformulação da banda.

Compositores

No segundo semestre de 1995, eu já estava trabalhando na gravadora do Ivan Lins e do Vitor Martins, a Velas. Rodrigo Martins, filho de Vitor, e eu estávamos cuidando dos lançamentos do novo selo criado pela Velas, o Primal. E nosso primeiro lançamento foi o CD *Brutal*, da banda de hard rock Dr. Sin.

Esse trabalho de curadoria servia de fermento para criação de novos projetos. E entre as ideias que brotavam nesses encontros, uma delas foi de O Terço lançar um CD em homenagem aos compositores brasileiros. Na verdade, uma boa peça de marketing para divulgar o trabalho de alguns amigos e o nosso também, evidentemente. Além disso, abriria uma porta para a inclusão de uma canção de um artista que eu acabara de contratar para a Velas – Daniel Gonzaga, filho do Gonzaguinha.

Compositores, como intitulamos o CD, contou com a pronta ajuda de vários amigos: Ivan Lins musicou para nós um poema de Salgado Maranhão, chamado *Quem Mata a Mulher Mata o Melhor;* Flávio Venturini e Murilo Antunes nos mandaram *P.S. Apareça*; Arnaldo Antunes contribuiu com *Folhas Secas; e* da safra de Lula Barbosa vieram *Mágica* e *Mãe Terra*. A primeira, em coautoria com Ana Caran, a segunda com Álvaro Gomes. Também recebemos músicas de Marco Camargo (*O Braço da Minha* Guitarra) e de Ivaldo Moreira e Luiz Carlos Sá (*Prazer e Fé*). De Daniel Gonzaga, eu pincei *Poeira*.

Além da inclusão de canções assinadas por nós, d'O Terço – entre as quais inclui-se uma que compus com Vinicius Cantuária intitulada *Mundaréu* –, resgatamos um sucesso do Secos & Molhados, *Sangue Latino,* de João Ricardo e Paulinho Mendonça, e uma antiga composição de minha autoria, *Deus,* incluída no segundo LP d'O Terço.

E para encerrar o projeto com chave de ouro, conseguimos um número instrumental inédito de Pixinguinha, descoberto por Marcelo Viana, neto dele. Trata-se de uma valsa, denominada *Elza.*

Luiz De Boni (teclados, violões e vocal), Fernando Fernandes (baixo e vocal) e eu (guitarra, violões e voz principal) gravamos *Compositores* entre os meses de março e abril de 1996. Contudo, para os shows que se seguiram após o lançamento do CD, O Terço alinhava com Luiz de Boni, Ricardo Luís Silva (baixo e vocal), Danny Alexsander (bateria) e eu.

Nosso primeiro compromisso foi no Rio de Janeiro, onde nos apresentamos no Rio Jazz Club, um pequeno bar no Hotel Meridien, na fronteira de Copacabana com o Leme. Fizemos quatro apresentações entre os dias 11 e 14 de julho, seguindo um roteiro básico que preparamos para toda a temporada de *Compositores,* como indicado em seguida:

1 – Time

2 – 1974

3 – P. S. Apareça

4 – Sangue Latino

5 – Folhas Secas

6 – Criaturas da Noite

7 – (em formato acústico)

    Pássaro

    Barco de Pedra

    Queimada

8 – Quem Mata a Mulher, Mata o Melhor

9 – Tributo ao Sorriso

10 – Deus

11 – The Last Journey

12 – Crucis

13 – Hey, Amigo

De volta a São Paulo, nos apresentamos no Centro Cultural São Paulo, no Paraíso, entre os dias 2 e 4 de agosto.

Spiral Words e Tributo a Raul Seixas

A estrada sinuosa que O Terço tem percorrido desde o final dos anos 70, com passageiros distintos e escalas no pop, no prog, no hard, por exemplo, levou a banda, mais uma vez, a embaralhar estilos no CD *Spiral Words,* lançado em 1998. Neste caso, incluindo uma incursão na seara do jazz-rock, uma novidade até então inexplorada pelo O Terço. Meus companheiros de jornada são Beto Correa (teclados), Max Robert (baixo), Edu Araújo (vocal e guitarra) e Daniel Baeder (bateria).

Spiral Words abre com uma faixa (*Smile in a Wave*) originalmente gravada pelo grupo de jazz-fusion Screaming Headless Torsos, que Miles Davis recriou para um documentário sobre seu autor Jack Johnson. Um tema intrincado, que já serve de convite para o ouvinte acompanhar essa nova aventura sonora d'O Terço. São quase 60 minutos de percurso, passando pelo jazz-rock, fusion, prog rock e até por um baião jazzificado. Há também as releituras de *1974* (do *Criaturas da Noite*) e de *Crucis* (do *Time Travellers*).

A repercussão do CD foi mínima, quase inexistente, o que me levou a alimentar a ideia de dedicar um disco inteiro a obra de Raul Seixas. Dividimos o palco e camarins com ele muitas vezes. Sobretudo naquela época em que ele ainda estava meio sóbrio e que incendiava o público com seus rocks que, em minha opinião, tinham muito mais força ao vivo do que nos discos. Neste caso, muitas vezes diluídos, ou amenizados, por eventual orquestração. Como já havíamos feito uma leitura mais pesada de *Metamorfose Ambulante* em *O Terço* (1990), cujo registro a 89 FM de São Paulo transformara num relativo sucesso, repetir e estender essa fórmula a um CD inteiro, como um tributo ao Raul, não era tão somente um projeto instigante, como trazia embutido um enorme apelo comercial. Foi o que fizemos.

Tributo a Raul Seixas veio à tona em 1999 através da Movie Play, gravado com o mesmo alinhamento de *Spiral Words*, com exceção do baterista. O incrível e super-talentoso Daniel Baeder viajara para se integrar ao Cirque Du Soleil. André Gonzalez assumiu o posto.

Além de uma releitura de *Metamorfose Ambulante*, o CD inclui, entre outros temas clássicos do repertório do roqueiro baiano, *Sociedade Alternativa, Gita, Al Capone, Como Vovó Já Dizia* e *Trem das Sete*.

PARTE 5
O Reencontro

Depois de *Spiral Words* e *Tributo a Raul Seixas,* nossos seguidores poderiam nos perguntar: "como seria o próximo disco d'O Terço?". Uma dúvida pertinente, já que a banda vinha atirando em todas as direções. O fato é que essa multifacetada figura, na qual a banda se transformou ao longo dos últimos anos, deixava seus velhos fãs confusos. Foram muitas mudanças, tanto na formação da banda, pela qual passaram integrantes de diferentes formações musicais, quanto de estilo, sendo a minha pessoa o único elo de ligação entre suas diferentes facetas. Nessa trajetória, *Compositores* e *Tributo a Raul Seixas* foram dois pontos fora da curva por serem projetos específicos. Mas, entre nossas diversas aventuras sonoras, o rock progressivo nunca sumiu do nosso radar. Sem dúvida, é o estilo pelo qual O Terço fez história e que o levou a ser eleito pela crítica e pelo público, por três anos consecutivos (1974-75-76), como a melhor banda brasileira de rock. Período em que o grupo alinhava com Flavio Venturini, Sérgio Magrão, Luís Moreno e eu, ou seja, a formação mais bem sucedida na história da banda.

Pois em 1999, Flavio Venturini comemorava seus 50 anos, e para celebrar essa data tão especial resolveu convidar alguns amigos para dividir o palco com ele em shows que ele batizou de "Flávio Venturini & Convidados". Fez um no Rio, no Metropolitan, com a participação de Ivan Lins, Lô Borges, Guinga, Leila Pinheiro, Fernanda Takai, Zé Renato, Paulinho Moska, Beto Guedes, 14 Bis, Paulo Ricardo e Marcos Vianna, e outro em São Paulo, no Palace. Para este último, eu, Magrão e Luís Moreno fomos convidados por ele para reviver aquele O Terço formado por nós quatro.

Desnecessário dizer que foi muito emocionante para todos nós esse encontro. Ao final do espetáculo, nos camarins, só tinha gente chorando. Choro coletivo, de felicidade. Uma prova para nós mesmos de que a volta d'O Terço, ou melhor, daquele O Terço de meados dos anos 70, seria apenas uma questão de tempo e de ajuste nas nossas agendas.

Daniela Colla

Enquanto isso, segui me apresentando com a formação que gravou o *Tributo a Raul Seixas*. Uma das últimas apresentações que fizemos, com base no repertório de viés mais progressivo, a tal identidade dominante d'O Terço, foi no Rio Art Rock Festival, que em outubro de 2000 ocupou dois diferentes espaços: o Teatro da Galeria, no Flamengo, e o Garden Hall, na Barra.

O Terço se apresentou no dia 21, um domingo, no Garden Hall. Fomos a primeira banda a subir ao palco em noite dominada pelos italianos do Il Balletto di Bronzo e Banco del Mutuo Soccorso, esta uma das mais importantes bandas do cenário progressivo italiano ao lado de lendas como Premiata Forneria Marconi e Le Orme.

O produtor e dono de loja de discos Cláudio Fronzi ainda se lembra de ter vibrado imensamente com *1974* e *Deus,* presentes no nosso repertório, que mesclava músicas em inglês e em português. Lembrou também que o Camel seria a principal atração do evento, mas teve que cancelar sua participação de última hora por conta de um imprevisto. Banco del Mutuo Soccorso foi o grupo que o substituiu.

Curiosamente, um mês depois do Rio Art Rock Festival, me casei com Daniela Colla, minha atual esposa e filha do compositor Carlos Colla. Nosso casamento foi no palco do Ballroom, no Rio, cantando para nossos amigos e para o público que nos prestigiou naquela noite

de 29 de novembro. Entre os convidados especiais, Flávio Venturini e Jerry Adriani dividiram o palco conosco. Também presente, o querido Marcos Valle.

Luís Moreno

Em meados de 2001, eu, Magrão, Moreno e Venturini começamos a nos reunir e a ensaiar. Durante esse processo, percebi que a voz de Moreno não estava afiada como outrora. Perguntei se ele estava com algum problema na garganta. Moreno decidiu averiguar. Foi ao médico, e voltou preocupado. O diagnóstico era de câncer na laringe. Precisou se tratar, o que incluía sessões ininterruptas de radioterapia. Os ensaios evidentemente foram interrompidos, mas tínhamos certeza de que logo retornaríamos a nossa rotina, pois todos nós acreditávamos no sucesso do tratamento de Moreno.

E foi o que aconteceu. Ao fim das sessões a que se submeteu e depois de sua pronta recuperação, voltamos a nossa rotina de ensaios. Sua voz estava ótima e Moreno parecia bem disposto e confiante. Claro, ainda passaria por outros exames e teria que seguir com suas consultas ao seu oncologista. Acompanhamento mais do que necessários nessas circunstâncias.

Tudo corria bem no pequeno universo d'O Terço. Seguíamos animados com o projeto de voltarmos aos palcos depois de tantos anos. E nosso entrosamento nos ensaios era tão bom que parecia que nunca tínhamos nos afastado uns dos outros. Os temas fluíam com muita facilidade, o que nos enchia de alegria. Um dia, contudo, Moreno se sentiu mal, com dificuldade de respirar. Foi a uma clínica. Após ser avaliado, saiu de lá com o diagnóstico de que aquilo que estava sentindo era fruto de estresse, e nada mais. Voltou para casa, mas a sensação de mal-estar não desapareceu. Retornou a clínica, e enquanto aguardava para ser atendido, sofreu um enfarto fulminante que acabou por tirar sua vida.

Moreno se foi no dia 25 de julho de 2002, uma triste quinta-feira. Era casado com Irinéa e tinha uma filha, Luanda. Curiosamente, ele partiu como o pianista Ian Stewart, o sexto Rolling Stone, cuja morte se deu nas mesmas circunstâncias, ou seja, no consultório do seu médico enquanto aguardava por atendimento.

Sem Moreno, a volta daquela formação clássica d'O Terço perdeu o sentido. De forma que o projeto de retomar a estrada foi imediatamente posto de lado. Irinéa, no entanto, insistiu para prosseguirmos. Afinal, era o desejo de Moreno. Além do mais, nossa volta serviria até com uma homenagem ao nosso saudoso baterista.

O assunto se tornou recorrente em nossas conversas, mas não saía disso. No entanto, chegou aos ouvidos do músico e produtor Alexandre Maraslis, que se mostrou interessado em produzir nossa volta. Foi quando então as coisas começaram a andar novamente.

****

Finalmente, depois de exatos 28 anos, Sergio Magrão, Flavio Venturini e eu, acompanhados do baterista Sérgio Mello, colocamos O Terço de volta aos palcos. "A volta das Criaturas da Noite", como estampou O Globo em sua edição de 30 de abril de 2005, para falar sobre a volta da nossa "formação clássica", cuja apresentação aconteceria no Canecão, no Rio de Janeiro, alguns dias depois. Mais precisamente, no dia 4 de maio de 2005.

O show, chamado de "A Reunião", aconteceu numa quarta-feira à noite e também reuniu velhos e novos fãs da banda naquela histórica casa de shows do Rio, que hoje, infelizmente, já não existe mais.

Quarta-feira. O sol de meio-dia enchia o céu. Ao telefone, Irinéa, viúva de Luiz Moreno, me prometia uma noite gloriosa antes de correr para o Canecão ao encontro do grupo. Este, às voltas com a passagem de som e últimos acertos. À noite, cerca de 21 horas, uma fila parecia mover-se lentamente junto à bilheteria.

Defronte a entrada, dava pra notar, pela cor dos cabelos, a presença de velhos fãs do grupo. E em nítida maioria! Era um tal de: "E aí, cara, faz tempo que a gente não se vê!" ou "hoje só tem dinossauro por aqui". Lembranças dos últimos shows que viram também era motivo de comentário: "Cara, a última vez que vi O Terço foi em..." e sapecava, geralmente em voz alta, data, local e circunstância. Parecia encontro de velhos camaradas, testemunhas de uma época que se fora fazia tempo. Daniel Romani, ex-guitarrista do Módulo 1000, criador de riffs marcantes como o de "Não Fale Com Paredes", também estava lá.

Queria rever Sérgio Magrão, que conhecera quando este ainda era dos Elétrons. Depois, no papo com Mário Amidem, irmão de Jorge, lembranças do espetáculo de vanguarda 'Aberto Para Obras', de 1970, no qual o Módulo 1000 e O Terço foram as principais estrelas. Da geração do rock brasileiro dos anos 80, a presença discreta de Charles Gavin na plateia.

O clima de expectativa só foi quebrado quando as luzes piscaram no palco e as caixas de som anunciaram "a maior banda brasileira de rock progressivo". O público delirou para, em seguida, aplaudir de pé Sérgio Hinds, Flavio Venturini e Sérgio Magrão assim que eles surgiram pelo lado direito do palco. De posse dos instrumentos, e com o novo e excelente baterista Sérgio Mello

UMA DAS REUNIÕES MAIS ESPERADAS DO ROCK BRASILEIRO!!!

FLÁVIO VENTURINI, SÉRGIO HINDS & SÉRGIO MAGRÃO

FNAC-BARRA (RJ) - 28/04 — NOITE DE AUTÓGRAFOS ÀS 19:00H
CANECÃO (RJ) - 04/05
DIRECT TV HALL (SP) - 09/06
CHEVROLET HALL (MG) - 17/06

INFORMAÇÕES:
www.rockprogressivo.com.br
www.ticketronics.com.br
www.ticketmaster.com.br

PRODUÇÃO:
www.elementalarts.com.br
www.caleid.com.br

APOIO CULTURAL:

Rua Gen. Polidoro, 29
Tel.: 2542-6242

Barra - 3325-4464
Tijuca - 2570-0331

acomodado, fizeram soar as primeiras notas de "1974". Pronto! foi o começo de uma inesquecível "magical mystery tour", que emocionou o público que lotou as dependências do Canecão.

Nelio Rodrigues (Senhor F, 2005)

Nosso histórico encontro se repetiu em São Paulo, no CIE Music Hall, em 9 de junho, e em Belo Horizonte, no Chevrolet Hall, em 17 de junho. O show, produzido por Alexandre Maraslis e por Paulo Henrique Castanheira, virou DVD (*O Terço Ao Vivo*), lançado em 2007 pela Som Livre, com produção e direção do Paulo Henrique Castanheira.

A repercussão de nossas apresentações foi tão boa e nos sentimos tão bem tocando juntos novamente que decidimos retomar a carreira d'O Terço, mantendo a banda viva e atuante. O que de fato tem acontecido desde então e sem prejuízo algum para nossos respectivos compromissos (Magrão com o 14 Bis, Flávio com sua carreira solo e eu com a minha). Vale acrescentar que em muitas ocasiões nosso amigo e velho companheiro de banda, e também membro honorário d'O Terço, tem dividido o palco conosco.

O Terço em Três Dimensões

Já fizemos muitas apresentações ao longo desses últimos anos. No Rio, em São Paulo, em Minas, no Rio Grande do Sul... Mas em 2013 a possibilidade de gravarmos um show com tecnologia 3D (em 3 dimensões) para eventual lançamento em Blu-ray, que é um passo adiante do DVD, foi uma novidade que decidimos trazer para nosso público.

Tudo começou quando Carlos Andrade, o Carlão, proprietário da Visom Digital, empresa de áudio visual, nos propôs lançar um CD duplo e um DVD reunindo o melhor do nosso repertório em regravações feitas com a melhor tecnologia possível. A ideia era a de uma edição definitiva na discografia d'O Terço. Um importante legado para os fãs da banda e do rock brasileiro em geral.

A Visom Digital ocupa uma mansão localizada em São Conrado, no Rio. Tem vários ambientes, permitindo múltiplas atividades no local. Enquanto gravávamos nosso CD num estúdio (com participação especial de Cezar de Mercês e do baterista Fred Barley), em outro ambiente Izi Ribeiro, proprietário da 3D Mix, gravava um vídeo com tecnologia 3D para uma música de João Bosco. Cruzei com Izi várias vezes pelos corredores da mansão até que um dia tomamos um café juntos. Foi quando me disse que sua empresa era pioneira em tecnologia 3D no Brasil. Isso evidentemente despertou meu interesse. Logo, cooptamos Izi para nosso projeto. Com o novo parceiro, além do CD e do DVD, também lançaríamos um Blu-ray em 3D, o primeiro de uma banda de rock na América Latina com essa tecnologia

Carlão já havia inclusive firmado um contrato de exclusividade com o Canal Brasil, que a partir daquele momento, incluiria, além da gravação do show em 3D, um documentário sobre a banda, ambos dirigidos por Paulo Henrique Fontenelle, responsável pelo premiado documentário sobre Arnaldo Baptista e os Mutantes, chamado *Loki*.

Paulo Fontenelle lembra com carinho desse projeto, como conta em seguida:

Foi com uma grande alegria e surpresa que recebi um telefonema do Canal Brasil para uma reunião na sede da Visom Digital às vésperas do feriado de carnaval de 2013. Eu já tinha dirigido mais de 20 DVDs para o Canal, mas aquele teria um sabor especial, afinal eu estaria diante de músicos que foram diretamente responsáveis pela minha opção de trabalhar com a arte. Foi ouvindo Flávio Venturini, 14 Bis e o Terço que decidi, ainda na adolescência, estudar piano e depois, diante da minha frustração de não conseguir nem de perto tocar tão bem quanto eles, resolvi ingressar no cinema, nos documentários, mas sempre com a música em primeiro plano. Na primeira reunião che-

guei acompanhado de uma produtora do Canal Brasil, a Tereza Avarez. Estavam lá o Carlos Andrade da Visom (com quem eu já tinha feito o Blu Ray do Ritchie), o dono de uma produtora de São Paulo especializada em 3D e o Sérgio Hinds que falava com muita empolgação sobre essa nova tecnologia que estava chegando nas televisões e animado com o fato do grupo ser o primeiro a lançar um produto desse na América Latina. No final perguntei qual seria o prazo para produzirmos, achando que era um projeto pra dali a alguns meses e o Sérgio Hinds respondeu antes de subir na sua Motocicleta: "Daqui há dez dias".

Tivemos que correr para produzir em tempo recorde essa filmagem. Fizemos mais uma ou duas reuniões durante o carnaval e, na última semana de fevereiro, já estávamos todos reunidos para três dias de gravações em um estúdio no Polo de Cinema do Rio de Janeiro. O que eu achei que seriam dias de tensão, devido ao cronograma apertado para a quantidade de músicas previstas, se tornaram surpreendentemente, uma das gravações mais tranquilas e prazerosas que já tive na vida.

Sérgio, Flávio, Magrão, Cezar de Mercês e Fred Barley foram os artistas mais tranquilos com quem já trabalhei. Quando eu pedia para eles repetirem uma música para fazer novos takes, eles pareciam ficar muito felizes de poder executar mais uma, duas ou três vezes com a mesma energia. Dava pra ver neles a alegria desse reencontro e o prazer que eles sentem em fazer música. O Clima era de total descontração, com muitos amigos deles entrando e saindo do estúdio para assistir as gravações e relembrar histórias. Deu para sentir como devia ser o clima da famosa "Casa Encantada" naqueles longínquos anos 70. Nos intervalos, enquanto mudávamos as posições das câmeras, os músicos, ao invés de irem descansar, muitas vezes preferiam ficar no estúdio tocando outras músicas antigas, só para se distraírem. Lembro

com emoção de ver o Flávio no Violão sentado num canto do estúdio mostrando para um amigo a música "A Qualquer Tempo" do 14 bis (uma música não muito conhecida do terceiro disco da banda e que sempre foi uma das minhas preferidas).

Em outro momento, via o Cézar de Mercês sentado sozinho tocando e cantando lindamente a música "Pequenas Coisas" (que o 14 Bis gravou no LP "Além Paraíso"). A minha vontade era de gravar um DVD a parte só com os momentos do descanso deles. Fico feliz de ter feito um pouco parte dessa história.

Foi nesse clima descrito pelo Paulo e num estúdio com pé direito de 6 metros no Polo Rio Cine & Vídeo, na Barra da Tijuca, que concluímos as gravações do Blu-ray em 3D. Paulinho ainda gravou algumas entrevistas conosco para inclusão nos extras dos respectivos lançamentos em DVD e Blu-ray. Mas, como nos contou, o seu "grande sonho é o de fazer de fato um documentário definitivo sobre o grupo".

****

Depois de tudo pronto, chegara a hora de levar esse projeto para a estrada. Seria um show inteiro em 3D, o que exigiu algumas poucas adaptações. Com ajuda de Izi, agora integrado à nossa equipe, passamos a usar um telão de 10 metros no fundo do palco para receber as imagens enviadas por dois projetores especiais, necessários para produzir o efeito tridimensional esperado. E para que o público pudesse assistir a todo o show com os efeitos especiais em três dimensões, mandamos confeccionar os óculos personalizados, com lentes inglesas, que eram distribuídos na entrada.

FOTO REALIDADE AUMENTADA

O pontapé inicial dos nossos shows, intitulados "O Terço em 3D", se deu no segundo semestre do ano. Com ele, e no período de três anos, eu, Magrão, Venturini, Cezar de Mercês e Fred Barley percorremos de forma espaçada várias cidades e capitais do país, entre as quais a cidade de São José dos Campos, em São Paulo, além de Belo Horizonte, Porto Alegre, São Paulo e Rio.

A inovadora experiência audiovisual foi mais uma conquista nossa. Mas não a última, já que a saga d'O Terço continua. Infelizmente, no fatídico ano de 2020, dominado pela pandemia do coronavírus, fomos obrigados a cancelar alguns shows que faríamos com os holandeses do grupo Focus. Mas, certos de que esse momento difícil na vida de todos nós será superado, seguiremos mantendo a chama da banda acesa, de preferência diante do nosso público, nos palcos desse Brasil afora.

Sérgio Hinds, Sérgio Magrão, César de Mercês e Flávio Venturini.
Foto de Bolívia e Cátia.

Sérgio Magrão.
Foto de Bolívia e Cátia.

*Sérgio Hinds.
Foto de Bolívia e Cátia.*

*Flávio Venturini.
Foto de Bolívia e Cátia.*

Sérgio Hinds e Sérgio Magrão.
Foto de Bolívia e Cátia.

César de Mercês.
Foto de Bolívia e Cátia.

Fred Barley.
Foto de Bolívia e Cátia.

O Terço.
Foto de Bolívia e Cátia.

BIBLIOGRAFIA

ALEXANDRE, Ricardo. Dias de Luta - **O rock e o Brasil dos Anos 80**. São Paulo: DBA Artes Gráficas, 2002.

BAHIANA, Ana Maria. **Almanaque Anos 70**. Rio de Janeiro: Ediouro, 2006.

BARCINSKI, André. **Pavões misteriosos - 1974 – 1983: A explosão da música pop no Brasil**. São Paulo: Três Estrelas, 2014.

BRANCO, Pedro de Freitas. **Sobreviventes: O rock em Portugal na era do vinil**. Lisboa: Marcador, 2019.

CALADO, Carlos. **A Divina comédia dos Mutantes**. Rio de Janeiro: Editora 34, 1995.

DAPIEVE, Arthur. **BRock – O rock brasileiro dos anos 80**. São Paulo: Editora 34, 3° ed. 2000.

DOLABELA, Marcelo. **ABZ do rock brasileiro**. São Paulo: Estrela do Sul, 1987.

HOMEM DE MELLO, Zuza. **A era dos festivais - Uma Parábola**. São Paulo: Editora 34, 2003.

MOTTA, Nelson. **Noites Tropicais: Solos, improvisos e memórias musicais**. Rio de Janeiro: Objetiva, 2000.

RIDOLFI, Aline, CANESTRELLI, Ana Paula & DIAS, Tatiana K. de Mello. **Psicodelia brasileira: Um mergulho na Geração Bendita.** São Paulo: Trabalho acadêmico de conclusão de curso na Faculdade Cásper Líbero. 2007

RODRIGUES, Nelio. **Histórias Perdidas do Rock Brasileiro Vol. I.** Rio de Janeiro: Nitpress, 2009.

RODRIGUES, Nelio. **Histórias Secretas do Rock Brasileiro.** Rio de Janeiro: 5W, 2014.

SEVERIANO, Jairo e HOMEM DE MELLO, Zuza. **A Canção no Tempo – Vol. 2: 1958 - 1985.** São Paulo: Editora 34, 1998.

Periódicos

A Luta Democrática, Correio Brasiliense, Curtisom, Diário de Notícias, Diário do Paraná, Expreso Imaginario (Argentina), Fatos & Fotos, Folha de São Paulo, Jornal de Música, Jornal do Brasil, Manchete, Música, O Fluminense, O Jornal, Opinião, Pelo (Argentina), Pop (Hit Pop), Rock a história e a glória, Romântica e Tribuna da Imprensa.

Na internet

https://www.discogs.com/

https://bndigital.bn.gov.br/hemeroteca-digital/

http://pinkfloydarchives.com/home.htm

www.vivendobauru.com.br/woodstock-brasileiro-festival-de-aguas-claras/

DISCOGRAFIA

Lançamentos originais em vinil. Quanto às reedições, só foram incluídas àquelas que saíram com capa inteiramente diferente da original.

Álbuns

O TERÇO

Forma VDL 116 (1970)

Lado 1: *Nã / Plaxe Voador / Yes, I Do / Longe Sem Direção / Flauta / I Need You*

Lado 2: *Antes de Você... Eu / Imagem / Meia Noite / Saturday Dream / Velhas Histórias / Oh! Suzana*

SOM LIVRE EXPORTAÇÃO Nº. 2 ("Gravado ao Vivo")

Forma FE 1.019 (1971)

Coletânea de vários artistas. Inclui a versão de estúdio de *Saturday Dream*, do primeiro LP d'O Terço, mas com *overdubbs* de aplausos para passar por gravação ao vivo.

O CARNAVAL CHEGOU

Philips 6349.058 (1972)

Coletânea de vários artistas. Inclui a faixa *Muito Louco*.

TERÇO

Continental SLP 10.107 (1973)

Lado 1: *Deus / Você Aí / Estrada Vazia / Lagoa das Lontras / Rock do Elvis*

Lado 2: *Amanhecer Total: Cores / Respiração Vegetal / Despertar Pro Sonho / Sons Flutuantes / Primeiras Luzes No Final da Estrada / Cores Finais*

CRIATURAS DA NOITE

Underground COLP – 12009 (1975)

Lado 1: *Hey Amigo / Queimada / Pano de Fundo / Ponto Final / Volte Na Próxima Semana*

Lado 2: *Criaturas da Noite / Jogo das Pedras / 1974*

O TERÇO

Beverly BLP83415 (1991)

Reedição do LP **Criaturas da Noite** com as mesmas faixas, mas com capa diferente.

CRIATURAS DE LA NOCHE (versão em inglês)

Edição chilena

Copacabana QL-73 (1977)

Lado 1: *Friend (Hey Amigo) / Fields on Fire (Queimada) / Back Drop (Pano de Fundo) / Ending (Ponto Final) / I'll Come Back (Volte Na Próxima Semana)*

Lado 2: *Shinning Days, Summer Nights (Criaturas da Noite) / Stones (jogo das Pedras) / 1974*

O TERÇO (CRIATURAS DA NOITE versão em inglês)

Edição italiana

Eleven ELC 25122 (1977)

Lado 1: *Friend / Fields on Fire / Back Drop / Ending / I'll Come Back*

Lado 2: *Shinning Days, Summer Nights / Stones / 1974*

CASA ENCANTADA

Underground COLP – 12074 (1976)

Lado 1: *Flor de la Noche / Luz de Vela / Guitarras / Foi Quando Eu Vi Aquela Lua Passar / Sentinela do Abismo / Flor de la Noche II*

Lado 2: *Casa Encantada / Cabala / Solaris / Vôo da Fênix / Pássaro*

MUDANÇA DE TEMPO

Underground COLP – 12201 (1978)

Lado 1: *Não Sei Não / Gente do Interior / Terças e Quintas / Minha Fé / Mudança de Tempo*

Lado 2: *Descolada / Pela Rua / Blues do Adeus / Hoje é Domingo (Pede Cachimbo)*

O TERÇO

Magazine COELP 41348 (na capa); 41.348 (no selo) (1978)

Reedição do LP *Mudança de Tempo* com as mesmas faixas, mas com capa diferente.

SOM MAIS PURO

Elektra BR 22.062 (1983)

Lado 1: *Viajante Relógio / Linda Imagem / Asa Delta / Suíte*

Lado 2: *Coração Cantador / Tambores da Mente / Nunca Duvidar / Luzes*

O TERÇO

Estúdio Eldorado 193.90.603 (1990)

Lado 1: *Última Geração / Alienígena / Metamorfose Ambulante / Prisioneiro / Tudo Muito Simples*

Lado 2: *Sonho / Hey Joe / Rap / Liquidação / Girando Lâmpada*

Compactos simples

Velhas Histórias / Edifício Avenida Central
Forma 100.002 (1970)

Tributo ao Sorriso / BANDA VENENO DE ERLON CHAVES
Philips 365.310 (1970)

Adormeceu / Vou Trabalhar
Forma 100.010 (1971)

Ilusão de Ótica / Tempo é Vento
Philips 6069.050 (1972)

Hey Amigo / Hey Amigo
Underground CS-1545, promocional (1975)

Hey Amigo / Pano de Fundo
Underground CS-1545 (1975)

Fields on Fire / Shining Days / Summer Nights
Copacabana CS-1601 (1976)

Amigos / Barco de Pedra
Copacabana CS-1667 (1977)

Compactos duplos

O Visitante / Adormeceu / Doze Avisos / Mero Ouvinte / Trecho da Área Extraída da Suíte em Ré Maior
Forma C 07 007 (1971)

Queimada / Jogo das Pedras / Hey Amigo / Volte na Próxima Semana
Copacabana CD 3728 (1975)

Lançamentos originais em CD

TIME TRAVELERS

Record Runner RR-0010-2 (1992)

Faixas: *Space / The Last Journey / Time Travellers / Crucis / Lost In Time Affaire / The Rhythm of The Universe / Marear / The Guardians / Suíte*

LIVE AT THE PALACE

Movie Play BS 251 (1994)

Faixas: Space / 1974 / The Last Journey / Lost In Time Affaire / Criaturas da Noite / The Rhythm of The Universe / Crucis / Luzes / Metamorfose Ambulante / Hey Amigo / Suíte

LIVE AT THE PALACE

Record Runner RR-0080-2 (1994)

Faixas: Space / 1974 / The Last Journey / Lost In Time Affaire / Criaturas da Noite / The Rhythm of The Universe / Crucis / Luzes / Hey Amigo / Suíte / Hey Joe / Metamorfose Ambulante

COMPOSITORES

Primal/Velas 11-V160 (1996)

Faixas: Time / P.S. Apareça / Sangue Latino / Folhas Secas / Poeira / Mágica / Quem Mata a Mulher Mata o Melhor / Mundaréu / O Braço da Minha Guitarra / Deus / Mãe-Terra / Às Vezes / Menino de Rua / Prazer e Fé / Elza

SPIRAL WORDS

RDS RDM-2015 (1998)

Faixas: Smile in A Wave / Beyond The Real / O Homem do Tempo / Spiral Words / Sete / My Universe / Balão / The Song / Crucis / Pregnant / 1974

TRIBUTO A RAUL SEIXAS

Movie Play/BS BS 329 (1999)

Faixas: Eu Nasci Há Dez Mil Anos Atrás / Rockixe / Maluco Beleza / Sociedade Alternativa / Rock das Aranha / Al Capone / Como Vovó Já Dizia / Gita / Aluga-se / Mosca na Sopa / Metamorfose Ambulante / O Trem das Sete

AO VIVO – 1976

Elemental Arts CDr, edição limitada (2005)

Faixas: Flor de La Noche / Suíte I / Pássaro / Queimada / Guitarras / Sentinela do Abismo / Criaturas da Noite / O Vôo da Fênix / Tema I / Casa Encantada / Flor de La Noche II / Cabala / Volte Na Próxima Semana / Foi Quando Eu Vi Aquela Lua Passar / Hey Amigo

O TERÇO AO VIVO

Som Livre 0851-2 (2007)

Faixas: 1974 / Tributo Ao Sorriso / Guitarras / P.S. Apareça / Pássaro / Casa Encantada / O Voo da Fênix / Ponto Final / Sentinela do Abismo / Criaturas da Noite / Cabala / Antes do Sol Chegar

45 ANOS DE ESTRADA – AO VIVO

Visom VICD 00165 (2015) – CD duplo

CD 1: Hey Amigo / Criaturas da Noite / Tributo Ao Sorriso / 1974 / Flor de La Noche / Jogo das Pedras / Casa Encantada

CD 2: Pássaro / Queimada / Foi Quando Eu Vi Aquela Lua Passar / P.S. Apareça / Suíte / Antes do Sol Chegar / Cabala / Ponto Final

Coletâneas

O TERÇO (Memória Musical Brasileira)

Movie Play ABW-83417 (1992)

Faixas: Hey Amigo / Volte Na Próxima Semana / Criaturas da Noite / Jogo das Pedras / Gente do Interior / Mudança de Tempo / Blues do Adeus / Flor de La Noche / Luz de Vela / Foi Quando Eu Vi Aquela Lua Passar / Casa Encantada / Solaris / Pássaro

PREFERÊNCIA NACIONAL

Copacabana 496555 2 (1998)

Faixas: *Hey Amigo / Tributo Ao Sorriso / Adormeceu / Criaturas da Noite / Casa Encantada / Mudança de Tempo / Queimada / Não Sei Não / Luz de Vela / Volte Na Próxima Semana / Jogo das Pedras / Gente do Interior / Ponto Final / Pano de Fundo / Flor de La Noche / 1974*

PARA SEMPRE

EMI 5341562 (2001)

Faixas: *Hey Amigo / Gente do Interior / Mudança de Tempo / Blues do Adeus / Criaturas da Noite / Casa Encantada / Não Sei Não / Pano de Fundo / Flor de La Noche / Volte Na Próxima Semana / Foi Quando Eu Vi Aquela Lua Passar / Solaris / Luz de Vela / Ponto Final*

BIS

EMI 337087 2 (2005) – CD duplo

CD 1: *Hey Amigo / Queimada / Pano de Fundo / Ponto Final / Volte Na Próxima Semana / Criaturas da Noite / Jogo das Pedras / 1974 / Flor de La Noche / Luz de Vela / Guitarras / Foi Quando Vi Aquela Lua Passar / Sentinela do Abismo / Flor de La Noche II*

CD 2: *Casa Encantada / Cabala / Solaris / O Voo da Fênix / Pássaro / Não Sei Não / Gente do Interior / Terças e Quintas / Minha Fé / Mudança de Tempo / Descolada / Pela Rua / Blues do Adeus / Hoje é Domingo (Pé de Cachimbo)*

TRIBUTO AO SORRISO

Discobertas DB-060 (2010)

Faixas: *Edifício da Avenida Central / Tributo Ao Sorriso / Adormeceu / Vou Trabalhar / O Visitante / Doze Avisos / Mero Ouvinte / Trecho da Ária Extraída da Suíte em Ré Maior*

DVDs

O TERÇO AO VIVO
Som Livre (2007)

O TERÇO – 3D
Visom Digital/Canal Brasil

Blu-ray

O TERÇO - 3D
Visom Digital/Canal Brasil (2014)

Lançamento não autorizado

AO VIVO EM LONDRINA 1975
CDr Digipak s/d

Faixas: 1974 / Sangue Novo / Solaris / Velho Silêncio / Suíte / Tocador / Pano de Fundo / Ponto Final / Queimada / Imensidão Azul / Tributo Ao Sorriso / Tocador (retorno) / Hey Amigo

199

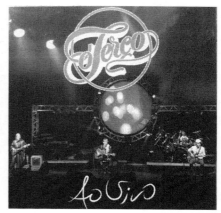

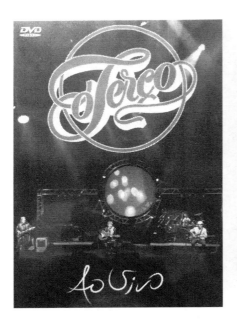

AGRADECIMENTOS

Agradecimentos de Sérgio Hinds:

Primeiramente a Deus, a minha família, minhas paixões, mulher Daniela Colla, meus filhos Carolina, Mariana e Gibson. Minha irmã Eliana. Meus netos, Manuela, Camila e Giovanni. Eles são a minha inspiração e iluminam minha vida. Ao meu cunhado Carlinhos Colla, Liliane, meus sobrinhos Carlito e Giovana, meu genro Rafael, minha nora Poliana. Minha sogra Thaisa Colla e meu sogro Carlos Colla. Fernandinho primo e Adriana.

Ao Nelio Rodrigues, meu querido amigo, pesquisador da história d'O Terço e do rock nacional.

A todos os parceiros dessa longa jornada musical e de vida: Flávio Venturini, Sérgio Magrão, Luiz Moreno (in memoriam), Cezar de Mercês, Fred Barley, Sérgio Melo, Vinícius Cantuária, Jorge Amiden (in memoriam), Flávio Pimenta, Geraldo Vieira, Luiz De Boni (in memoriam), Franklin Paolillo, Ruriá Duprat, Andrei Ivanovic, Sérgio Caffa (in memoriam), Zé Português, Fernando Fernandes, Ivo de Carvalho, Beto Correia, Sérgio Papagaio, Edu Araújo, Daniel Baeder, Max Robert e André Gonzales.

A Luiz Carlos Sá, amigo querido, pelo carinhoso prefácio.

A Rogério Duprat (in memoriam), nosso Guru musical.

Aos queridos fotógrafos que acompanharam toda nossa carreira: Antônio Freitas, Zé De Boni, Clarissa Lambert, Javã e ao casal Bolívia e Catia.

Aos amigos mais chegados, Izi Ribeiro, Carlos Andrade, Dinno Benzatti e Adriana, Ronaldo HLX e Flávia, Sérgio Guerra e Marta, Marcelo Rossi e Julia, Roberto Oka e Erika, Klaus, Pedrão XBrasil, Betão, Rubens Cabrera, Marco Tulio, Robertinho Harley Dogs, Dentinho, Rubinho Senga, Alemão, Pimenta e Ana Pimenta, Solange Gonçalves, Marta, Chico, Leandro, Bruna, Stelamaris e Felipe, Alberto Vanasco, Miriam Carvalho, Cid Caldas, Zé Luiz Meteoro, Ney Nakamura, Márcio Zaganin, Marcão Tagima, Hector Torbal, Fábio Golfetti, Maurício, Fabinho, Daniel Figueiredo, Ricardo Abraão, Miriam Magalhães, Léo Magalhães, Dogão, Toninho Tobema, Izi Ribeiro, Carlão, Milton Medusa, Rodney Schock, Jamilson, Tony, Jorge Tarasiuk, Alex, Neto, Ed Cezar, Stancato, Alê, Ricardinho Mazzoli, Felipe Mazzoli, Lia, Flávio Flats, Zé Luiz Camacho, Henrico Machado, Beto Luck, Marcelo Gasperini, Mauro Almeida, Juba, Junior Navega, Bola, Felipe, Kiko Zambianchi, Toninho Horta, Eduardo Edu, Carlini, Nuno Mindelis, Magrão Aqualang, Eduardo Ibrasa, Renatão, Guarabyra, Zé Campos e família, Marcinho Eiras, Edu Ardanuy, Andreas Kisser e Yohan Kisser, Senna, Luiz Trilha (in memoriam), Nélia e a todos da equipe de motociclismo Tomahawk. Espero não ter esquecido ninguém.

Agradecimentos de Nelio Rodrigues:

Em primeiro lugar, meus devidos agradecimentos a Sérgio Hinds. Ao me convidar para escrever com ele a história d'O Terço, Sérgio me deu o prazer e de investigar mais uma vez a trajetória dessa banda que acompanho desde o seu aparecimento no cenário musical brasileiro até os dias de hoje. Além disso, senti-me honrado com o convite.

Agradecimentos especiais a Sérgio Magrão, Cézar de Mercês, Jorge Amiden (in memoriam), Vinícius Cantuária e Flávio Venturini, sem os quais essa história não teria existido.

A Luiz Carlos Sá que espremeu a memória para nos brindar com um lindo prefácio.

A Mário Amiden, Sérgio Papagaio e Geraldo Vieira, personagens da grande família d'O Terço, que gentilmente cederam parte de seu tempo para conversar comigo. E também aos demais músicos que integraram O Terço em algum momento de sua longa vigência.

Ao meu irmão, Fábio Rodrigues, pela leitura crítica do texto, por suas pertinentes observações e por nossas infindáveis conversas sobre música.

Aos queridos Arnaldo Brandão , Gustavo Schroeter , Paulo Henrique Fontenelle, Nelsinho Laranjeiras, Karlinhos Senra e Ricardo Pugialli pelas lembranças.

Ao meu querido amigo Pedro de Freitas Branco pela inspiração e por nossas conversas sempre instigantes sobre música.

A Bento Araújo e Cláudio Fonzi pelas informações esclarecedoras e pela amizade.

Aos meus prezados amigos Carlos Molina (Argentina), Christina Fuscaldo, Cristiano Grimaldi, Jerusalém Marins Almeida, Lizzie Bravo, Mario Antonelli (Argentina) e Valdir Siqueira.

À minha mulher, Sandra, e ao meu filho, Filipe, que tornaram minha vida mais luminosa.

REALIDADE AUMENTADA

IOS

ANDROIDE

Este livro contém 5 fotos que direcionam você para "Realidade Aumentada", essas fotos tem Indicação escrito "REALIDADE AUMENTADA".

Para isso ser possível você precisa direcionar seu celular para um desses QR Code IOS ou Android, e instalar o App.

Quando encontrar as fotos com a indicação dentro do livro, abra o App e direcione o celular para a foto e poderá ver a Realidade Aumentada.

    FOTO 1 – logotipo O TERÇO capa
    FOTO 2 – página 52
    FOTO 2 – página 64
    FOTO 2 – página 74
    FOTO 2 – página 182

CATÁLOGO DE LIVROS PUBLICADOS PELA IBRASA